W0245395

BLÖDSINN GIBTS NICHT

Thomas Brezina:
Blödsinn gibts nicht

Alle Rechte vorbehalten

© 2019 edition a, Wien
www.edition-a.at

Cover: Isabella Starowicz
Satz: Isabella Starowicz & Lucas Reisigl
Lektorat: Anatol Vitouch

Gesetzt in der Premiera
Gedruckt in Deutschland

2 3 4 5 — 23 22 21 20 19

ISBN 978-3-99001-327-4

THOMAS
BREZINA

Blöd sinn gibts nicht

Wie wir Kinder fürs Leben begeistern

edition a

Für meine Eltern.
Eure Liebe und Begeisterung für das Leben
geben mir bis heute Kraft.

INHALT

Warum ich niemals einen Erziehungsratgeber schreiben würde ...

... und wie es trotzdem zu diesem Buch kam ...

Wenn Sie dieses Buch ausgesucht haben, sind Sie wahrscheinlich Eltern oder Menschen, die beruflich mit Kindern zu tun haben, oder sogar beides.

Zwei Dinge vorweg: Erstens: Ich habe größten Respekt vor dem, was Sie jeden Tag mit und für Kinder tun.

Zweitens: Ich bin weder Pädagoge, noch Vater, auch kein Psychologe. Seit mehr als 35 Jahren aber bin ich als Autor von Büchern, als Erfinder, Präsentator und Produzent von Fernsehsendungen für Kinder tätig.

Was ich versuchen möchte ist, Ihnen von Erfahrungen und Beobachtungen zu erzählen, die helfen können, Kinder für das Leben zu begeistern.

Mit allem, was ich als Schriftsteller, TV-Produzent und Gestalter von Veranstaltungen und Erlebniswelten für Kinder schaffe, ist es mir nämlich immer wichtig

zu begeistern,

zu bestärken,

aber nie, nie, nie, nie, nie, nie, niemals zu belehren.

Das Leben ist ein Abenteuer. Es ist manchmal anstrengend, manchmal sehr herausfordernd und immer wert, gelebt, erlebt und erfüllt zu werden.

Du kannst! – Das ist das Lebensgefühl, das ich Kindern vermitteln will. In jedem Kind steckt eine Menge Potential, das nur darauf wartet, sich entfalten zu können.

Kinder, die voller Freude in die Zukunft blicken und von klein auf lernen, ihr Leben zu gestalten, werden als Erwachsene das haben können, was man „ein erfülltes Leben" nennt.

In der Kindheit werden Grundsteine für ein Leben in Freude gelegt. Eltern und LehrerInnen haben die Möglichkeit, viele Türen zu öffnen, hinter denen Interessantes, Wissenswertes, Hilfreiches und Schönes für Kinder wartet. Sie können Kinder für das Leben und diese Welt begeistern und ihnen Mut machen. Hilfreich dafür ist es aber, von dem Podest zu steigen, auf dem manche Erwachsene zu stehen glauben.

Ich selbst hatte immer ein Kind an meiner Seite, das mir gut raten konnte, ob meine Arbeit auch den Nerv der LeserInnen oder ZuseherInnen treffen wird:

Das Kind bin ich selbst.
Das Kind, das ich einmal war.

Meine Theorie lautet, dass bei vielen Leuten im Alter von ungefähr 20 Jahren ein Rollbalken heruntergeht. Danach sehen sie die eigene Kindheit höchstens durch eine rosarote Brille, verdrängen aber viele andere Erfahrungen, vor allem die schmerzhaften.

Meine eigene Kindheit war eine Mischung aus vielen Freuden und einer gehörigen Portion an Schmerzen und seelischen Verletzungen. Diese Mischung halte ich für normal, und deshalb kann ich sagen, dass meine Kindheit gut war.

Zum Glück habe ich zu allen Erfahrungen nach wie vor Zugang und eine, wie ich glaube, recht unverfälschte Erinnerung daran. Das Kind, das ich einmal war, ist sehr lebendig in mir und ich kann es gut befragen.

Etwas, das ich bis heute nicht begreifen kann, ist, dass viele Eltern, die als Kinder selbst geschlagen wurden, ihre Kinder schlagen. Wieso tun sie das ihren Kindern an? Sie müssen sich doch an die psychischen Schmerzen und die Erniedrigung erinnern.

Wir alle machen als Kinder viele Erfahrungen, und mit ein wenig Mut zur Erinnerung können wir daraus so viel für die Begleitung und Erziehung der eigenen Kinder schöpfen.

Aus diesem Grund gibt es in diesem Buch viele

Fragen an das Kind,
das sie einmal waren.

Es braucht manchmal Mut, sich zurückzuerinnern, aber es lohnt sich sehr.

Die zweiten Hauptpersonen, um die es in diesem Buch geht, sind natürlich die Kinder, mit denen Sie zu tun haben. Wahrscheinlich sind es vor allem die eigenen Söhne und Töchter. (Aber vielleicht auch SchülerInnen.)

Im Buch habe ich einige Briefe für Sie gestaltet, in denen aber die wichtigsten Teile noch fehlen.

Es sind:

Briefe von Eltern an die Erwachsenen,
die ihre Kinder einmal sein werden.

Stellen Sie sich vor, Sie schreiben Briefe, um Ihrer Tochter oder Ihrem Sohn später einmal von ihrer Kindheit zu erzählen. Ich habe diese Form gewählt, weil sie helfen kann, die eigenen Kinder heute etwas anders zu sehen. Es kann helfen, Erwartungen und alltägliche Belastungen ein wenig zur Seite zu legen und Kinder ohne Ablenkungen zu betrachten. Manchmal aber gebe ich auch Anregungen für

Briefe von Eltern an ihre Kinder von heute
(auch wenn sie diese noch gar nicht verstehen würden)

Bitte schreiben oder denken Sie einfach drauflos, ohne Vorbehalte und Wenns und Abers, und ganz wichtig:

Haben Sie bei allem, was Sie in diesem Buch finden, Freude und Spaß.

Einige meiner Freunde, die Kinder haben, betrachten die vielen verschiedenen Erziehungsmethoden als Belastung und mittlerweile als Stress. Sie fühlen sich überfordert von den Aussagen der Experten und den sehr wohlmeinenden Tipps, die sich manchmal kolossal widersprechen.

In diesem Buch gibt es keine Erziehungstipps, aber viele Gedanken, Erlebnisse und wahre Geschichten darüber, wie wir unsere Kinder für das Leben begeistern können.

Kindern die Freude am Leben zu vermitteln, sie zu stärken, ihnen die Augen zu öffnen, ihnen dabei aber trotzdem nicht alles, was Erwachsenen wichtig erscheint, aufs Auge zu drücken, das halte ich heute für wichtiger denn je.

Mein größter Wunsch ist: Begeistern Sie sich gemeinsam mit Ihren Kindern für das Leben und alles, was dazugehört.

Es ist etwas Herrliches, wenn Kinderaugen strahlen. Allerdings finde ich es noch stärker, wenn Erwachsene und Kinder gemeinsam strahlen.

Herzlichst

Thomas Brezina
Geschichtenerzähler der Freude

Begeistern und
begreifbar machen

Damit Sie einen kleinen Einblick bekommen, wie ich auf Kinder zugehe und wie ich für sie arbeite:

Sind Sie schon einmal auf die Idee gekommen, sich zu fragen, wie schwer der Wiener Stephansdom ist?

Wahrscheinlich nicht. Aber bei Kinderführungen durch den Dom ist das eine sehr häufig gestellte Frage. Es gibt sogar eine Antwort darauf, die ich später verraten werde.

Wissen Sie, wie schnell eine Biene fliegt? Könnte ein Mensch einen Wettlauf gegen sie gewinnen oder nicht?

Haben Sie eine Idee, was Toilettenpapier mit Physik zu tun hat und wieso Sie bei jedem Besuch der Toilette dort Versuche machen können?

Kinder können sich für alle drei Themen begeistern und werden mit Antworten, die sie begreifen können, Zugang zu noch viel mehr Wissen erlangen.

Vor allem aber kann ihre Neugier für das Wunder eines Domes geweckt werden, für die Wunder der Tierwelt und wieso sie unseren Schutz braucht, und für die Faszination der Physik.

Kinder zu begeistern – das war immer meine Leidenschaft.
Ich will spüren, dass sie gebannt lauschen.

Es ist für mich eine große Herausforderung und Freude, Kindern Wissen zu vermitteln. Dazu habe ich viele Sendungen für das Fernsehen erfunden, geschrieben und gestaltet, zum Beispiel die Serien *Forscherexpress* und *Knall Genial*.

Ich habe für den Wiener Stephansdom einen Kinder-Audioguide gestaltet und für einen Konzertveranstalter klassische Komponisten für Kinder auf der Bühne erklärt.

Als der Konzertveranstalter mit dem Angebot an mich herangetreten ist, jedes Jahr Kindern vier klassische Komponisten in einem einstündigen Bühnenprogramm vorzustellen, habe ich ihm Folgendes gesagt: 1) Ich komme aus einer musikalischen Familie, aber ... 2) ... klassische Musik ist nicht so ganz mein Fall, ich mag eher Abba und Queen.

Der Veranstalter hat sich nicht im Geringsten abschrecken lassen. Seine Aussage lautete: „Sehr gut. Dann machen Sie etwas auf der Bühne, das Sie selbst begeistern würde."

Damit hat er mich gewonnen.

Meine Erfahrung ist nämlich, dass ich Kinder nur für etwas begeistern kann, wenn ich selbst davon begeistert bin.

Wegen der Komponisten habe ich einen Musikwissenschaftler gebeten, mit mir alle Geschichten zu recherchieren, die den Menschen schildern, der so wunderbare Musik geschaffen hat. Je skurriler, desto besser.

Ein Grundsatz von mir lautete:

Wenn wir Kinder Themen näherbringen wollen,
muss es immer Anknüpfungspunkte zu ihrem Leben geben.

Im Fall der Komponisten hat der Wissenschaftler nach Antworten zu folgenden Fragen gesucht: Wie waren berühmte Komponisten in der Schule, hatten sie Freunde, wie war ihr Verhältnis zu den Eltern, wie sind sie mit Erfolg und Misserfolg umgegangen? Was brachte Freude in ihr Leben, was war traurig? Wie sind sie auf ihre Ideen gekommen? Wie haben sie durchgehalten? Waren sie Stars? Wenn ja, wie sind sie damit umgegangen?

Können Sie sich vorstellen, dass Beethoven vor lauter Begeisterung seine Kompositionen auf Servietten und Tischtücher geschrieben hat? Er hat nach KellnerInnen mit Eiern geworfen, wenn sie nicht zu seiner Zufriedenheit gekocht waren, und hat jeden Tag in der Früh die Kaffeebohnen in der Mühle gezählt.

Johann Strauß war auf Tournee in den USA und wurde dort als Superstar gefeiert. Weil viele Damen eine Locke von ihm wollten, soll sein Kammerdiener einem schwarzen Pudel Haarbüschel abgeschnitten und sie teuer verkauft haben.

Der Komponist Eric Satie hat in einem Zimmer gelebt, das gerade genug Platz für sein Pianino und ein Bett geboten hat. Wir haben dieses Zimmer auf der Bühne nachgebaut, und Kinder haben die Musik von Satie nicht nur gemocht, sondern auch gleich erkannt. Der Grund dafür war Werbung, denn damals wurden gerade manche seiner Themen für Radiowerbung verwendet. Das habe ich

nicht verurteilt, sondern ganz selbstverständlich angesprochen.

Die Komponistenportraits habe ich in einem Theater vor
300 Kindern präsentiert und mit SchauspielerInnen darge-
stellt. Die Musikbeispiele habe ich dabei auf zwei Minuten
kürzen lassen. Es gab MusikerInnen, die sich geweigert haben mitzumachen und es eine „Verstümmelung" der Musik
nannten. Andere aber haben die Erfahrung gemacht, dass
Kinder, die zum ersten Mal mit klassischer Musik in Kontakt kamen, diesen Kostproben mit Spannung zugehört haben.

Der Konzertzyklus *Komponisten auf der Spur* war auch für
mich immer von neuem eine Entdeckungsreise. 20 Komponisten haben wir auf diese Weise präsentiert, und die An-
zahl der BesucherInnen hat sich im Laufe der Jahre verdop-
pelt und verdreifacht.

Kinder sind als Publikum ehrlicher und direkter als Erwachsene. Ihre Langeweile oder ihr Missfallen gegenüber
einem Programm oder einem Thema halten sie nicht zurück. Das macht sie zu einem sehr herausfordernden Publikum, was ich immer geschätzt habe.

Kinder auf ein Podest zu stellen und als etwas
„Besonderes" zu bezeichnen halte ich für keine gute Idee.

In Interviews werde ich oft mit dieser Aussage konfrontiert:

„Kinder sind doch etwas Besonderes."

Oder: „Es muss wunderbar sein, mit Kindern zu arbeiten,
denn sie sind so viel interessanter als Erwachsene."

Meine Meinung dazu: Nein!

Leute, die Kinder als etwas „Besonderes" bezeichnen, stellen sie gerne auf ein Podest und behandeln sie wie ein Denkmal oder eine Statue.

Der Platz von Kindern ist neben uns Erwachsenen, wo wir sie
achten für das, was sie sind: Kleine Menschen, in denen viel
steckt und die unsere Begleitung brauchen.

Kinder sind auch nicht interessanter als Erwachsene. Ich muss gestehen, dass mir auch nicht alle Kinder sympathisch sind. Wieso auch? Sie sind so unterschiedlich in ihrem Charakter wie erwachsene Menschen, und die mag ich auch nicht alle.

Um aber ihren Nerv zu treffen und sie so anzusprechen, dass ich sie auch wirklich erreiche, habe ich Kindern immer sehr genau zugehört: in Familien, mit denen ich befreundet bin, bei Gesprächen, die ich auf der Straße aufgeschnappt habe, und natürlich bei allen Begegnungen mit Kindern, bei Lesungen aus meinen Büchern und bei Dreharbeiten für Fernsehsendungen.

Respekt für Kinder und Respekt vor dem, was sie sind und
was sie sich wünschen, das sehe ich als eine wichtige Qualität
im Miteinander von Erwachsenen und Kindern.

Wenn ich neue Projekte und Ideen entwickle, dann beobachte ich manchmal spielende Kinder und frage mich: Würde sie meine neue Geschichte oder Sendung interessieren?

Schreibe ich, dann stelle ich mir Kinder als Publikum vor, und nur wenn ich fühle, ihre volle Aufmerksamkeit zu haben, tippe ich los - wie der mittelalterliche Geschichtenerzähler, der immer sein Publikum vor sich hatte.

Wie ich an Geschichten herangehe, damit sie auch von „schwachen" LeserInnen gut und gerne gelesen werden können, das schildere ich etwas später in einem Kapitel ab Seite 172.

WIESO ICH SO GERNE FÜR KINDER ARBEITE UND SCHREIBE

Den genauen Grund kenne ich selbst nicht, aber seit ich ein Kind war, habe ich mir immer gerne Geschichten für Kinder ausgedacht. Mit 16 Jahren habe ich einen Jugendwettbewerb mit Drehbüchern für eine TV-Serie mit Puppen für das Kinderfernsehen gewonnen. Das war der Start für das, was Leute heute als meine Karriere bezeichnen.

Rund 550 Bücher für Kinder und Teenager habe ich geschrieben, die in mehr als 40 Ländern gelesen werden. Mein Motto beim Schreiben ist und bleibt:

Lesen soll ein Abenteuer sein!

An die 30 TV-Serien habe ich erfunden, manche geschrieben, andere präsentiert und bei vielen habe ich auch Regie geführt. Die Krimiserie *Tom Turbo* rund um ein sprechendes Fahrrad, das gemeinsam mit mir sehr fantastische Fälle löst, läuft seit mehr als 25 Jahren erfolgreich und war eines der ersten interaktiven Programme. Den ZuseherInnen werden zur Handlung fünf Fragen gestellt, die sie wie DetektivInnen beantworten. So sammeln sie fünf Lösungsbuchstaben, die ein geheimes Wort ergeben, mit dem sie gewinnen können.

Es ist für mich die höchste Auszeichnung, von mittlerweile erwachsenen LeserInnen und ZuseherInnen zu erfahren, wie sie meine Geschichten erlebt haben. Jeden Tag bin ich dankbar für die Rückmeldungen, wie viel Freude Menschen mit den Erinnerungen von damals verbinden. Ihre zentrale Aussage in deutschsprachigen Ländern, aber auch in China, wo ich einer der drei erfolgreichsten ausländischen Autoren bin, lautet:

Danke für eine schöne Kindheit!

Es erfüllt mich mit ungeheurer Dankbarkeit, dass meine LeserInnen und ZuseherInnen von früher mir dieses unglaubliche Kompliment immer wieder machen.

Das erwähne ich an dieser Stelle bitte nicht als Selbstbeweihräucherung oder Angeberei, sondern als Grund, wieso ich dieses Buch geschrieben habe. Es ist mir ein Anliegen, weiterzugeben, was ich gelernt habe. Meine Erfahrungen, Beobachtungen und Erkenntnisse, die immer dazu gedient haben, Kinder zu begeistern und zu faszinieren, die will ich Ihnen erzählen. Vielleicht ist Hilfreiches für Sie dabei.

Kinder brauchen Erziehung zum Erlernen der Spielregeln für ein gutes Zusammenleben und den Umgang mit sich selbst. Aber:

Kinder brauchen Verständnis und Begeisterung,
um den Weg zu einem erfüllten und freudigen Leben
beschreiten zu können.

Übrigens finde ich, dass Kinder und Erwachsene viel mehr verbindet, als wir denken.

Damit komme ich zurück zu meinen Wissenssendungen und dem Audioguide für den Stephansdom.

Im Fernsehen sehen wir jeden Tag genau, wie viele Kinder und wie viele Erwachsene eine Sendung verfolgen. Die Zuschaueranzahl der Erwachsenen bei Wissenssendungen ist überraschend hoch für eine Kindersendung. Der Grund liegt darin, dass auch erwachsene Menschen Physik und Chemie dabei endlich begreifen können. Und deshalb sehen sie, genau wie Kinder, gerne zu.

Was bedeutet es, dass der Bau des Domes im Jahre 1150 begonnen wurde? Wenig.

Aber damals lebte Ihre Ur-ur-ur-ur-ur-ur-ur-ur-ur- ur-ur-ur-ur-ur-ur-ur-ur-ur-ur-ur-ur-ur-ur-ur- ur-ur-ur-ur-ur-ur-ur-ur-ur-Großmutter.

Ja, so lange ist das her. Wenn Sie diese Ur-ur-ur-ur-ur-ur-ur-ur-ur-ur-ur-ur-ur-ur-ur-ur-ur-ur-

ur- ur-ur-ur-ur-ur-ur-ur-ur-ur-ur-ur-ur-ur-ur-Großmut-
ter gewissenhaft aussprechen, brauchen Sie dafür fast eine
halbe Minute.

Das Gewicht eines Domes wird auf 35.000 Tonnen geschätzt. Das entspricht dem Gewicht von 10.000 Elefanten.
So viele Elefanten könnten alle Gassen und Straßen der Innenstadt füllen, es hätte kein einziges Auto mehr Platz.

Eine Biene fliegt doppelt so schnell wie ein Mensch laufen kann. Nur der schnellste Sprinter der Erde könnte sie
einholen.

Am Beispiel der Toilettenpapierrolle kann man das phy-
sikalische Gesetz der Trägheit erkennen. Zieht man schnell
an, so reißt man nur ein Blatt ab. Die Rolle will in Ruhela-
ge bleiben. Zieht man langsam ab, so setzt sich die Rolle in
Drehung und wir können ein großes Stück abziehen.

Übrigens fällt der Toast deshalb immer auf die Buttersei-
te, weil der Tisch eine bestimmte Höhe hat. Es hat nichts
mit der Butter zu tun. Aber aus circa einem Meter Höhe
dreht sich die Scheibe um 180 Grad.

Ein Hühnerei erscheint kaum einem Erwachsenen als
Wunder, wenn er eine Packung von sechs Stück im Supermarkt kauft.

Aber haben Sie schon einmal ein rohes Ei geschält,
ohne es dabei zu zerstören?

Das ist möglich. Legen Sie das Ei über Nacht in klaren Essig.
Am nächsten Tag hat die Essigsäure die Kalkschale aufge-

löst, die innere Eihaut aber ist erhalten geblieben. Sie haben nun ein „Gummi-Ei" und mit der Taschenlampe des Handys können Sie durchleuchten und den Dotter sehen. Es ist sogar möglich, dem Ei einen kleinen Gürtel aus Bindfaden zu machen und ihm so eine Taille zu geben.

Wieso es so wichtig ist, Kinder zu begeistern, ist am Thema Umweltschutz gut zu erkennen. Bereits vor vielen Jahren ist das Interesse von Kindern daran stark zurückgegangen. Der Grund ist klar: Wieso sollen Kinder schützen, wenn Erwachsene zerstören?

Die Proteste von Kindern und Jugendlichen in vielen Ländern, angeregt durch Greta Thunberg und ihren freitäglichen Schulstreik, richten sich auch wieder gegen die Ignoranz der Erwachsenen. Ein starkes Signal, aber …

Kinder für etwas zu begeistern, bedeutet, sie werden
sich ein Leben lang dafür auch verantwortlich fühlen.

Statt ihnen Angst zu machen, sollten wir ihnen – so finde ich – die Augen öffnen für die Wunder der Erde. Gleichzeitig aber sollen sie auch erkennen, wie empfindlich und zerbrechlich die Schönheit der Welt rund um uns ist. Das macht nämlich Lust, etwas dafür zu tun, dass sie erhalten bleibt.

Was der Mensch liebt und schätzt
und bewundert, das wird er doch sicher schützen!
So lautete meine Überlegung.

Kinder für das Leben zu begeistern, das ist keine einseitige Sache. Einer der vielen Gründe, wieso ich meine Arbeit so liebe, besteht in den großartigen Erfahrungen, die ich selbst machen kann.

Eines meiner Projekte der letzten Zeit ist, eine App für den Tiergarten Schönbrunn in Wien zu entwerfen. Die Direktorin des Zoos hat mich gebeten, für Familien und Kinder Touren zu gestalten, die jeder mithilfe einer App auf dem Handy begehen und erleben kann.

Ihr Auftrag hat mir aus der Seele gesprochen: Keine Zahlen, kein lexikalisches Wissen, sondern Begeisterung.

Die Zoo-PädagogInnen, die jeden Tag hunderte Kinder durch den Zoo führen, haben sofort das Lieblingsthema aller Kinder erwähnt: die gefährlichsten Tiere, die im Zoo leben.

Diese Tour per Handy wird aber kein Horrortrip, sondern eine Führung der Begeisterung für die ungeheure Kraft der Tiere. Dabei darf ich auch einen Blick „hinter die Kulissen" werfen und Kindern wie Erwachsenen zeigen, was TierpflegerInnen jeden Tag für das Wohlergehen der Tiere leisten.

Flusspferde, die zu den gefährlichsten Tieren zählen, lieben es zum Beispiel, jeden Tag mit einem warmen Wasserstrahl das Maul und die Zahnzwischenräume gereinigt zu bekommen. Vor Wonne beginnen sie zu grunzen, wenn sie – getrennt durch massive Stangen natürlich – von den PflegerInnen mit einem Schrubber am ganzen Körper gekratzt werden.

Das durfte ich auch machen, um Kindern und Eltern auf der App diesen Blick zu gewähren, den sie sonst nicht haben.

Sie verstehen jetzt sicher, wieso ich meinen Beruf so sehr liebe.

Nun kommt aber die beste Erfahrung, die ich in all den Jahren gemacht habe: Eltern und Erziehende, die Kinder für das Leben begeistern, haben selbst mehr Freude.

Sie werden staunen.

Sie werden Erlebnisse haben, mit denen Sie nie gerechnet hätten.

Gemeinsam das volle Leben spüren und zu staunen –
das gehört sicherlich zu den schönsten Momenten für Familien
und alle Menschen, die mit Kindern zu tun haben.

Kinder durch das Leben begleiten

Erwachsene mit gutem Gedächtnis können das Leben von Kindern entscheidend verbessern
Ehrlichkeit kann vielleicht kurz wehtun, aber viel bringen ...

Als meine ersten Kinderbücher herauskamen, habe ich ausgedehnte Lesetouren unternommen. Sie haben mich an viele verschiedene Schulen geführt. Unvergesslich bleibt mir eine Schule, ein hässlicher Betonbau, wo ich mich allein beim Anblick des Gebäudes schon unwohl gefühlt habe.

Der Direktor war ein graugesichtiger, missmutiger Mann, die LehrerInnen haben mir zum Teil unverhohlen ihr Desinteresse an meiner Lesung gezeigt. Die Kinder hatte man in einem großen Sesselkreis rund um mich gesetzt, sodass sie alle gleich weit von mir entfernt waren. Die Betonung liegt auf weit, weil die Entfernung wirklich groß war. Reaktionen habe ich von diesen Kindern wenige bekommen. Es war eine frustrierende Lesung, und ich habe den Grund dafür nicht bei mir gesucht. Froh und erleichtert war ich, als ich diese Schule wieder verlassen konnte. Die Buchhändlerin, die mich begleitet hat, konnte mir in meiner Betroffenheit und meinem Bedauern für die Kinder nur recht geben.

Einige Jahre später, auf einer weiteren Tour, führte mich die Buchhändlerin wieder zu genau dieser Schule. Mir schwante Schlimmes. „Augen zu und durch" war mein Motto, das ich wirklich nur in den seltensten Fällen habe. Von außen sah das Schulhaus aus wie bei meinem ersten Besuch, grau, kalt, Sichtbeton eben. Da die Buchhändlerin mein leichtes Entsetzen spürte, versicherte sie mir mit einem Zwinkern, dass ich angenehm überrascht sein würde.

Beim Näherkommen habe ich die erste Veränderung festgestellt: Links und rechts vom Schultor standen zwei Lorbeerbäumchen in großen Töpfen. Das bisschen Grün gab dem Eingang gleich etwas Freundlicheres.

Die Halle der Schule machte einen völlig anderen Eindruck als bei meinem ersten Besuch: auch hier viele Grünpflanzen, große, farbenprächtige Bilder und außerdem ein Mann mit herzlichem Lachen, der mir entgegenkam und kräftig die Hand schüttelte. Er war der neue Direktor.

Die LehrerInnen waren ebenfalls in guter Stimmung, die Kinder warteten auf mich im Turnsaal. Das ist nicht mein Lieblingsort für eine Lesung, aber da alle Klassen der Schule dabei sein wollten, war es der einzig mögliche.

Der Direktor begrüßte mich vor allen Kindern und gab das Zeichen für ein Lied, das extra für mich geschrieben worden war. Er hielt eine sehr kurze Rede, während der zu hören war, dass er meine Bücher und meine Gedanken über „Lesen als Abenteuer" kannte.

Die Lesung bleibt mir unvergesslich, weil sie ein Fest für uns alle war. SchülerInnen und LehrerInnen hatten sichtlich Freude an dem, was ich erzählte, und an den Krimis, die wir gemeinsam lösten. Die jüngeren SchülerInnen, die vielleicht noch etwas zu klein für die Dauer der Lesung waren, wurden von ihren KlassenlehrerInnen freundlich betreut, sodass auch sie die ganze Stunde lang aufmerksam bleiben konnten.

Später, bei Kaffee und Kuchen im Direktionsbüro, erzählte der neue Direktor Folgendes: Als junger Lehrer fuhr er jeden Tag im Bus und belauschte dabei Kinder, die unterwegs zur Schule waren. Sie hatten kaum ein gutes Wort für die Schule übrig und bezeichneten sie als Plage und unwillkommenes Übel.

Diese Gespräche lösten bei dem Mann etwas aus: Er begann sich sehr deutlich an die eigene Schulzeit zurückzuerinnern und musste feststellen, dass auch er mehr negative als positive Bilder davon hatte. Allerdings gab es schon auch Momente und LehrerInnen von damals, die ihm in guter Erinnerung geblieben waren und die – wie er feststellte – sein Leben auch maßgeblich zum Guten beeinflusst hatten.

Damals schwor er sich, eines Tages alles so zu machen, wie er es sich als Kind gewünscht hätte. Das bedeutet nicht, allen Kindern völlige Freiheit zu geben, sondern eine Schule zu gestalten, in der Lernen vielleicht genauso anstrengend wie in jeder anderen Schule, trotzdem aber mit vielen freudigen Erlebnissen verbunden ist. Sehr bewusst legte er es schon während seiner Lehrerlaufbahn darauf an, Direktor zu werden.

Sein Vorhaben war ihm gelungen, das konnte man sehen und fühlen. Übrigens haben nach seinem Antritt als Direktor nur wenige LehrerInnen gegen seinen neuen, offenen, klaren und lockeren Stil rebelliert. Zwei haben die Schule verlassen, die anderen haben sich gerne umgestellt.

Dieselbe hässliche Schule, zum Großteil dieselben LehrerInnen, und trotzdem eine völlig andere Atmosphäre und Kinder mit Leuchten in den Augen. Der Grund dafür war ein Direktor, der sich an die eigene Schulzeit erinnert und Kindern zugehört hat.

Die Grundstimmung einer Schule wird maßgeblich
von der Direktorin oder dem Direktor bestimmt.
In der Familie ist das nicht anders.

Bei aller Achtung vor der Individualität jedes Kindes, es sind die Eltern, die mit ihrer inneren und äußeren Haltung das Leben der Kinder maßgeblich bestimmen.

Im Trubel und dem täglichen Stress des Elterndaseins kommt es vor, dass Mütter und Väter Dinge tun, die ihre Kinder ätzend finden. Spricht man diese Eltern darauf an und fragt man sie, ob sie als Kinder dieses Verhalten gemocht hätten, kommt nicht selten ein entrüstetes: Nein! Als Kinder hätte sie das genau so aufgeregt, wie es ihre Kinder jetzt ärgert.

Wieso, bitte, müssen sich manche Verhaltensweisen dann aber unbedingt wiederholen?

Es ist die Aufgabe von Erwachsenen,
aus der eigenen Kindheit zu lernen und die
Fehler ihrer Eltern nicht zu wiederholen,
sondern weiterzugehen.

Aber wie schon erwähnt: Im Auf und Ab des Alltags ist manchmal keine Zeit für solche Erkenntnisse. Das ist nur menschlich. Mein Angebot an Sie ist es, sich beim Lesen dieses Buches ein wenig Zeit zu nehmen, um sich mit dem Kind, das Sie selbst einmal waren, zu beschäftigen.

Ohne Weichzeichner, ohne Verklärung, sondern offen, ehrlich und auch dann, wenn Erinnerungen auftauchen, die vielleicht schmerzhaft sind. Die Wunden von damals einmal anzusehen und zu akzeptieren kann helfen, sie den eigenen Kindern nicht zuzufügen.

> *Wer Kinder liebt und sie für das Leben*
> *begeistern möchte, der sollte ein klares Bild*
> *von der eigenen Kindheit haben.*

Das Kind, das wir einmal waren, kann der wichtigste Maßstab für Erziehung sein sowie für alles, das darüber hinaus zu großer Freude im Leben führt. Unsere eigenen Erfahrungen haben wir schon gemacht. Besonders geht es dabei um die schönen Erlebnisse und alles, was unser Leben damals bereichert hat und bis heute nachwirkt.

> *Alles, was uns in der eigenen Kindheit geholfen, unterstützt,*
> *erfreut und begeistert hat, das können wir ausbauen. Alles, was*
> *wir uns damals anders und besser gewünscht hätten, das sollten*
> *wir unseren Kindern heute selbst geben.*

FRAGEN AN DAS KIND,
DAS SIE EINMAL WAREN

Kleiner Hinweis: Das ist keine Therapiesitzung. Sehen Sie es als ein Spiel, denn alles, was uns im Leben als Spiel erscheint, geht leicht von der Hand.

Erinnern Sie sich an die Freundschaftsbücher von damals? Beantworten Sie die folgenden Fragen aus Ihrer Erinnerung.

Mein Spitzname war:

Geliebt habe ich als Kind:

Gehasst habe ich damals:

Es hat mich aufgeregt, wenn jemand gesagt hat ...

Erwachsene haben mir die größte Freude gemacht, wenn ...

Erwachsene haben mich gekränkt und verletzt, wenn sie ...

Meine größte Freude als Kind:

Meine bitterste Enttäuschung als Kind:

Traurig war ich, wenn ...

Das schönste Geschenk von damals war:

Meine liebste TV-Serie:

Meine Lieblingsspeise:

Was ich nie essen wollte:

Wenn ich an meine Kindheit denke, dann rieche ich ...

Wenn ich aus meiner Kindheit jemanden auf den Mond schießen könnte, wäre das ...

Wer ist das größte Vorbild aus meiner Kindheit, dafür, wie ich heute für meine Kinder sein will:

WENN ICH MEINER KINDHEIT EIN ZEUGNIS GEBE, DANN ...

Geben Sie Ihrer eigenen Kindheit ein Zeugnis! Wie in der Schule können Sie Noten vergeben. 1 steht für die beste Note, 5 steht für die schlechteste Note. Stellen Sie sich alle Bereiche des Lebens vor wie Schulfächer. Wie haben diese Bereiche in Ihrer Kindheit abgeschnitten?

ELTERN

BRUDER

SCHWESTER

FAMILIE INSGESAMT

GEBORGENHEIT

SCHULE

ZUHAUSE

AUSSEHEN

ANSEHEN BEI ANDEREN GLEICHALTRIGEN

INTERESSEN
SELBSTBEWUSSTSEIN ☐

MUT ☐

SPORTLICHKEIT ☐

KREATIVITÄT ☐

UMGANG MIT ANGST ☐

P.S.: Wenn es Sie interessiert, ich habe beide Fragebögen selbst ausgefüllt. Meine eigenen Antworten und Noten stehen hinten im Buch auf Seite 230.

Aus einer Südseeinsel kannst du keinen Alpengipfel machen

Kinder sind Persönlichkeiten, vom ersten Atemzug an. Ein Grund zum Staunen, nicht zum Verzweifeln.

Vor einiger Zeit haben mir Großeltern von einem Ausflug mit ihrem einjährigen Enkel Emil auf einen Streichelbauernhof erzählt. Sie wollten dem kleinen Emil die lieben Schafe, Ziegen und Schweine zeigen, die auf diesem Bauernhof besonders zutraulich sind und sogar gestreichelt werden können.

Ihre Freunde hatten von einem unvergesslichen Erlebnis erzählt, das sie dort mit ihren Enkelkindern hatten, von der Begeisterung und dem Staunen der Kinder über die Tiere.

Daher hätte die Enttäuschung der Großeltern nicht größer sein können, als sie Emils Kinderwagen über den Bauernhof schoben.

„Schau, das liebe Schäfchen!"

„Da da, da da!" Emil deutete zum Dach des Haupthauses.

„Schau, die Hühner, die legen Eier!"

„Da da, da da!" Emil interessierte sich nur für eine Wetterfahne samt Windrad auf dem Dach.

„Schau, ein Schwein!" Opa machte sogar das Grunzen nach.

„Da da, da da!" Für Emil gab es nur das kleine Gerät neben dem Schornstein, und die Tiere waren ihm herzlich egal. Er war fasziniert von dem Windrad, hat ständig nach oben gedeutet und ist in Rufe des Entzückens ausgebrochen, wenn ein Windstoß das Rad in Bewegung gesetzt hat.

War Emil undankbar? Oder stimmte etwas mit ihm nicht? Oder wollte er die Großeltern absichtlich ein wenig ärgern?

Nichts von alledem! Emil ist Emil, und er trägt eine Grundausstattung in sich, vor der Erwachsene nur Achtung haben können. Es ist meine tiefe Überzeugung und auch meine Beobachtung in Familien, dass das Erkennen dieser „Grundausstattung" durch die Eltern oder andere, die mit der Erziehung des Kindes beschäftigt sind, sehr helfen kann.

Die „Grundausstattung", die ich meine, entwickelt sich wohl schon im Mutterleib. Sie ist eine Art Programmierung, die im Kind angelegt ist und nicht verändert oder überschrieben werden kann.

Am Beispiel von Emil ist die Programmierung gut zu erkennen: Ihn faszinieren offenbar Dinge, die sich drehen und technisch sind, wesentlich mehr als Tiere. Das macht ihn zu keinem grausamen kleinen Monster, das später Spinnen fangen und ihnen jedes Bein einzeln ausreißen wird. Die Programmierung macht aus Emil aber auch lange noch nicht das geborene Technikgenie, von dem wir den Geistesblitz für die Erfindung von Autos erwarten dürfen, die weder mit Benzin, noch mit elektrischer Energie, Wasserstoff oder sonst einem bekannten Treibstoff fahren.

Die Grundausstattung umfasst Vorlieben,
Charakterzüge und Interessen, die das spätere Leben
des Kindes prägen und bestimmen werden.

Mit großer Wahrscheinlichkeit wird Emil weder Tierpfleger noch Tierarzt, aber aufgrund der Erfahrungen beim Ausflug auf dem Bauernhof muss er auch noch lange keinen technischen Beruf ergreifen.

Mein Sandkistenfreund Peter hat fünf Kinder, von denen der Großteil heute erwachsen ist. Es sind vier Jungen und ein Mädchen und jedes Mal, wenn ich sie sehe, wird mir das Wunder der Einzigartigkeit bewusst.

Die höchste Qualität an Erziehung, die Peter und seine Frau Regina ihren Kindern bieten, ist die Akzeptanz ihrer Unterschiedlichkeit und der Umgang damit. Wenn ich Peter zuhöre, wie er über die fünf spricht, dann bewundere ich ihn zutiefst dafür, wie groß sein Respekt für ihre Stärken, aber ebenso für ihre Schwächen ist.

Der älteste Sohn der beiden erscheint manchmal etwas weltfremd, will die Umwelt verbessern und war immer von einer ungeheuren Eigenständigkeit. Er hat es geschafft, an verschiedenen Unis und Hochschulen in verschiedenen Ländern zu studieren und hat die Zeit immer für ein ausgiebiges Kennenlernen des Landes genutzt.

Als Kind war er ungeheuer interessiert an allem, ein wenig altklug und später – als seine Geschwister kamen – der verantwortungsvolle große Bruder. Heute unterrichtet er mit Leidenschaft, fest entschlossen, diese Welt zu einem besseren Platz zu machen und seine SchülerInnen darauf einzuschwören.

Ihr mittlerer Sohn geht hingegen mit viel größerer Lockerheit und einem leichten, schiefen Grinsen durch das Leben – so würde ich seinen Blick auf die Welt beschreiben. Er ist ernsthaft in dem, was er beschließt und tut, aber mutig darin, neue Wege zu finden und zu gehen. Dabei lässt er sich nicht leicht erschüttern und von seinen Vorhaben abbringen. Selbst eine heftige Abfuhr frustriert ihn nicht. In einem Studentenheim würde er nie wohnen, stattdessen hat er jemanden gefunden, der ihm eine Stadtwohnung kostenlos unter der Woche überlässt. Dieser Freund der Familie ist froh, wenn jemand die Wohnung nutzt, weil er nur am Wochenende zu Hause ist.

Ein anderer der Brüder hingegen ist schüchterner und unsicherer. Als er nur im Ausland einen Studienplatz gefunden hat, kam er jedes Wochenende nach Hause, obwohl das eine sehr sehr lange Bahnfahrt bedeutet hat. Diese Fahrt nahm er lieber auf sich, als in einer fremden Stadt Fuß zu fassen. Er ist also das genaue Gegenteil seines ältesten Bruders.

Jedes der fünf Kinder hat eindeutig ein anderes Grundgespür dafür, wie sich das Leben am besten anfühlt. Will der eine mehr geborgen sein, so sind für den anderen Eigenständigkeit und Freiheit wichtiger.

Die grundlegenden Charakterzüge der fünf haben sich bereits deutlich abgezeichnet, als sie noch Kleinkinder waren. Ihre grundsätzlichen Vorlieben und Zugänge im Leben sind fast gleich geblieben, würde ich sagen.

Wer Kinder liebt, der wird sie nie als Azubis sehen,
denn sie sind keine Auszubildenden.

Natürlich ist es wichtig, dass sie Schulbildung bekommen und in der Erziehung die Spielregeln für ein gedeihliches Zusammenleben erlernen. Diese Form von Bildung steht an einer der obersten Stellen.

Kinder sind aber kein Klumpen Plastilin, der nur darauf wartet, von uns Großen endlich in die richtige Form geknetet zu werden. Das ist – in meinen Augen – die höchste Form von Verachtung, die Kindern entgegengebracht wird.

Kinder sind niemals kleine Erwachsene, sondern kleine
Menschen mit ihren eigenen Wünschen, Bedürfnissen und
Zugängen zum Leben. Sie tragen von Geburt an Eigenarten in
sich, die sich im Laufe der Zeit verstärken werden.

Manche dieser Eigenarten können zu großen Talenten werden. Andere können auch Probleme bereiten. In jedem Fall brauchen sie die Achtung und die Aufmerksamkeit der Eltern und anderer Erwachsener, die bei der Erziehung und Entwicklung des Kindes dabei sind.

Ein anderer Freund von mir hat zwei Söhne, beide heute schon erwachsen. Die Eltern haben studiert und der Vater ist sogar Professor. Einer ihrer Söhne hat nach Abschluss der Schule ebenfalls ein Studium begonnen. Der andere aber ist einen anderen Weg gegangen, der sich schon in jüngsten Jahren angekündigt hat.

Ohne dass ihn irgendjemand dazu aufgefordert oder angeregt hat, wurde dieser Sohn schon als Kleinkind von einem sehr speziellen Schrank wie durch Magie angezogen. Es war der Gewürzschrank in der Küche, den seine Mutter gut bestückt hatte. Der Kleine war, als er gehen konnte, immer bei diesem Schrank und hat mit Kleinkinderlauten nach den Dosen und Fläschchen verlangt, in denen die Gewürze aufbewahrt wurden. Mit größter Freude hat er an jedem Einzelnen gerochen.

Ein dreifaches Hoch der Mutter, die ihn nicht verscheucht hat. Sie hat ihn auch deshalb nicht dumm geheißen oder die Augen verdreht. Geduldig hat sie ihm den Namen jedes einzelnen Gewürzes genannt, und mit vier Jahren konnte ihr Sohn praktisch alle Gewürze am Geruch erkennen und benennen.

Was ist aus ihm geworden? Koch! Ein leidenschaftlicher, glücklicher Koch.

Solche Beispiele beeindrucken mich immer. Erstens, weil die Eltern das Talent des Kindes ernst genommen haben. Sie haben ihn nicht in Kochkurse geschickt, auch nicht darauf bestanden, dass er Ernährungswissenschaften studiert, sondern ihn als Kind in seiner Begeisterung für den Geruch von Gewürzen bestärkt und begleitet. Dass er mit 15 Jahren eine Lehre begonnen hat, haben sie akzeptiert, weil sie seine Leidenschaft für das Kochen gesehen und anerkannt haben.

Das Ergebnis ist das Wichtigste überhaupt: zwei Söhne, die unterschiedlicher nicht sein könnten. Sie verstehen sich nicht wirklich gut und es gibt immer einen leichten Konkurrenzkampf zwischen Koch und Akademiker. Aber beide sind das, was man grundsätzlich „glücklich" nennen kann, vom Leben begeistert. Ihre Arbeit erfüllt sie, und beide erzählen gerne und viel darüber. Dabei haben alle beide ein Leuchten in den Augen.

Es gibt viel Kraft und Freude für das Leben,
wenn Eltern mithelfen, damit ihre Kinder entdecken,
was ihnen besonders liegt, wie sie sich am meisten wohlfühlen,
was ihnen entspricht und was nicht.

Dazu aber habe ich eine interessante Geschichte erzählt bekommen: Eine Raupe verpuppt sich, bevor sie zum Schmetterling wird. Eines Tages entdeckt ein Tierfreund, wie sich ein Schmetterling schwertut, aus seinem Kokon zu schlüpfen. Also geht der Tierfreund hin und reißt die gesponnene Hülle auf.

Leider war die Folge nicht ein glücklicher Schmetterling, sondern ein Schmetterling, dessen Flügel noch nicht ganz ausgebildet und entfaltet waren.

Als Erwachsene sollten wir es nie zu gut meinen, denn das ist der Feind des Guten. Kindern Platz und Zeit geben, sich zu zeigen, zu entwickeln und vor allem zu erkennen, darauf kommt es an.

Die eigenen Sichtweisen und Beurteilungen dürfen wir dabei durchaus etwas zurückschrauben.

Wenn Kinder vieles tun und ausprobieren können,
haben sie die größten Chancen, sich selbst besser
kennenzulernen.

FRAGEN AN DAS KIND, DAS SIE WAREN UND AN DEN ERWACHSENEN, DER SIE HEUTE SIND

Gibt es Parallelen zwischen Ihren Vorlieben von damals und heute?

Frage an das Kind von damals: Beschreibe dich! Was ist das Besondere an dir? (Dabei hilft es sehr, Kinderfotos anzusehen.)

Frage an den Erwachsenen von heute: Beschreibe dich! Was ist das Besondere an dir?

Frage an das Kind: Wann hast du die größte Lebensfreude gehabt? Was hast du in diesen Momenten getan?

Frage an den Erwachsenen: Wann fühlst du dich heute am lebendigsten? Was tust du in diesen Momenten? Wann verfliegt die Zeit für dich?

Frage an das Kind: Welches Gefühl war für dich wichtig? Geborgenheit oder Freiheit? Freundschaft oder Zurückgezogenheit?

Frage an den Erwachsenen: Wie sieht das heute aus? Bist du gerne frei oder bevorzugst du Sicherheit?

Frage an das Kind: Was waren deine größten Interessen?

Frage an den Erwachsenen: Was sind heute deine Interessen?

Frage an das Kind: Was hast du früher am liebsten gespielt?

Frage an den Erwachsenen: Gibt es heute in deinem Leben etwas von diesem Spiel?

BRIEF AN DEN ERWACHSENEN,
DER MEIN KIND EINES TAGES SEIN WIRD

LIEBE(R) _____ ,

HEUTE SCHREIBE ICH DIR EINEN KLEINEN BEOBACHTUNGSBERICHT. DU BIST
GERADE _____ JAHRE ALT UND ICH SEHE DICH DERZEIT SO:

DU INTERESSIERST DICH BESONDERS FÜR ···

_____

SEHR GESCHICKT BIST DU, WENN DU ···

_____

WAS DU SEHR GERNE UND SEHR OFT TUST, IST ···

_____

WAS DU HINGEGEN GAR NICHT GERNE MAGST, IST ···

_____

DU STRAHLST AM MEISTEN, WENN DU ···

_____

UNBEHAGEN BEREITET DIR ···

_____

ANGST MACHT DIR ...

_____

ICH HABE SEHR GESTAUNT, ALS DU ...

_____

MANCHMAL DENKE ICH, IN DIR STECKT ...

_____

DU HAST AUS HEUTIGER SICHT ZIEMLICH SICHER EIN TALENT FÜR ...

_____

WAS ICH AUS HEUTIGER SICHT MIT DIR WENIGER MACHEN WÜRDE, IST ...

_____

DIE DREI WICHTIGSTEN DINGE, DIE FÜR DICH WOHLBEHAGEN BEDEUTEN, SIND ...

_____

SO BIST DU HEUTE, MIT _____ JAHREN.
ICH BIN SCHON SEHR GESPANNT, WIE DU JETZT ALS ERWACHSENER BIST.

BESTE GRÜSSE SCHICKT DIR

MAMA/PAPA

Der Unglücksmacher namens Erwartung

Bücher, Filme und TV-Serien haben oft die Erwartung der Eltern zum Thema, und selten gibt es ein Happy End. Wie es doch zum Happy End kommen kann ...

Meine eigenen Eltern waren beeindruckende Persönlichkeiten und sie haben mir eine ausgezeichnete Basis für mein Leben gegeben. Sie waren fair, aber gleichzeitig Menschen mit Stärken und Schwächen. Beide hatten die Größe, das auch zuzugeben. Sie haben mir – ohne es zu beabsichtigen – auch einige Probleme mitgegeben, ihre eigenen Ängste auf mich übertragen, und ich hatte eine Weile damit zu tun, das mit mir und in mir zu regeln.

Das aber ist, wie ich heute weiß, normal. So ist es eben zwischen Eltern und Kindern.

Krampfhaft alles zu vermeiden, was für Kinder im späteren Leben eine Belastung sein kann, wird leicht zu einer inneren Verspannung, die sich auch nur wieder auf Kinder überträgt.

Für etwas aber bin ich beiden Eltern bis heute unendlich dankbar: Sie haben es geschafft, mich nicht an den Erwartungen zu messen, die sie für mich und mein Leben hatten. Ihre unglaubliche Unterstützung, die zu viel Freude in meinem Leben beigetragen hat, bestand darin, den Thomas zu sehen, zu schätzen und zu fördern, der ich wirklich bin. Einfach habe ich es ihnen nicht gemacht. Sie haben aber weder sich selbst noch mich mit dem Gift „Erwartung" unglücklich gemacht. Jedenfalls nie für längere Zeit. Dabei wollten sie für ihre Kinder das Beste - aber dieses „Beste" war eben nicht unbedingt das für mich, was ihnen als so gut erschienen ist.

Der Schuh muss dem Träger oder der Trägerin passen, und nicht demjenigen, der den Schuh kauft oder macht. Wer Kinder in Schuhe zwängen will, nur weil sie ihm selbst so schön erscheinen, der kann ihnen etwas antun, das sie für ihren weiteren Gang durch das Leben beschädigt.

Der „Schuh der Erwartung" kann zu einem dieser mittelalterlichen Folterinstrumente werden, bei denen glühende Kohlen in schuhähnliche Behälter gefüllt wurden, die man Menschen dann an die Füße schnallte.

Allerdings ist der Schmerz in diesem Fall nicht nur für die „TrägerInnen" groß, sondern auch für die Eltern in ihrer Enttäuschung.

Mein Vater, ein erfolgreicher Radiologe, hatte für seine Söhne immer die klare Vorstellung und Erwartung: Ihr studiert und ich finanziere euer Studium. Er selbst hatte sich sein Studium verdienen müssen, also immer neben der Uni gearbeitet. Das für uns zu vermeiden, war für ihn das höchste Ziel.

Natürlich war es für meine Eltern ganz klar, dass ihre Söhne einmal heiraten, Familien gründen und Kinder in die Welt setzen.

Nun aber habe ich sehr vieles völlig anders gemacht, als es sich mein Vater erwartet hätte: Meine Leidenschaften waren Puppentheater und Zaubern. Damit konnte er noch leben. Neben der Schule habe ich bereits beim Fernsehen als Puppenspieler gearbeitet, beim berühmten Fernsehkasperl. Na ja, das bringt nicht gerade Lorbeerkränze und Anerkennung.

Nach Abschluss der Schule habe ich Theaterwissenschaften und Publizistik studiert. Da ich aber gleichzeitig so viele Chancen bekommen habe, professionell für Fernsehen und Radio zu schreiben und als Regieassistent und bald Regisseur und Präsentator zu arbeiten, habe ich mein Studium nie abgeschlossen.

Außerdem habe ich meinen Eltern mitgeteilt, dass mein Partner immer männlich sein wird und ich das Bild der klassischen Familie nicht erfüllen werde.

Meinen Eltern habe ich zu Lebzeiten gedankt und tue es im Stillen auch heute noch: Sie haben mich in meinen ungewöhnlichen Wegen, die völlig anders als ihren Erwartungen entsprechend verlaufen sind, immer unterstützt. Mein Vater hat zu mir etwas gesagt, das ich nie vergessen werde. Ich war damals ungefähr 25, als er meinte: „Du bist alle Wege anders gegangen, als ich das für dich wollte. Du hast Entscheidungen getroffen, die ich im ersten Moment absolut nicht gutgeheißen habe. Ich habe immer versucht, dir das nicht zu zeigen und dich einfach längere Zeit zu beobachten. Heute ist mir klar, dass dich dein Weg und deine Tätigkeit glücklich machen. So wir es können, werden wir dich immer unterstützen."

Das haben meine Eltern auch getan. Sie waren die ersten LeserInnen und auch KritikerInnen in meinen Anfängen als Autor, haben mir Mut zugesprochen, aber auch behutsam ihre Meinung kundgetan, wenn es etwas zu verbessern gab.

Der größte Dank an Eltern sollte lauten: Danke, dass ihr geholfen habt, das Beste, das in mir steckt, zur Entfaltung zu bringen.

Mein Freund Tim, ein erfolgreicher Architekt mit einem Lächeln für das Leben, hat mir von folgendem Gespräch mit seinem 14-jährigen Sohn Leo erzählt.

Sohn: „Papa, du bist nicht begeistert."
Vater: „Wie kommst du darauf?"
Sohn: „Sonst bist du immer euphorisch, wenn ich dir etwas von der Schule erzähle. Diesmal aber nicht."

Was war geschehen? Tim hatte genaue Vorstellungen für seine beiden Söhne: Sie sollten das Gymnasium machen und vor allem Sprachen lernen. Sprachen sind in seinen Augen das Wichtigste – und es wird ihm kaum jemand widersprechen.

Tatsächlich war Tim sehr enttäuscht, als ihm Leo eröffnete, nach dem achten Schuljahr die Schule wechseln zu wollen. Sein Wunsch war es, eine Modeschule zu besuchen, die fünf Jahre dauerte und wo er auch mit der Matura (= Abitur) abschließen konnte.

Tim hat seine Enttäuschung nicht ganz verbergen können, wie der kleine Dialog mit seinem Sohn beweist. Er hat aber sehr schnell entschieden, dass er Leo in allem unterstützen will.

Sohn: „Papa, wir müssen uns bewerben. Die Schule nimmt nicht alle, die kommen wollen."
Vater: „Aha. Und was musst du dafür alles tun?"
Sohn: „Ich muss schreiben, wieso ich diese Schule besuchen will und eine Mappe mit Zeichnungen und Malereien von mir bringen."
Vater: „Dann mach das."
Sohn: „Im Internet gibt es Vorlagen, was ich alles schreiben kann."
Vater: „Das finde ich nicht gut. Wenn du diese Schule besuchen willst, dann erkläre dort genau, wieso. Was dich fasziniert, wieso du Mode machen willst. Mich interessiert es auch."
Sohn: „Hilfst du mir?"
Vater: „Du fängst an und bereitest einmal deine Ideen vor, dann helfe ich dir gerne."

Die Bewerbung muss gelungen sein. Nicht nur das Schreiben über die Gründe, diese Richtung zu wählen, sondern auch die Mappe mit ersten eigenen Modeentwürfen. Leo ist angenommen worden.

Euphorisch ist Tim noch immer nicht darüber, aber er hat Leo klar zu verstehen gegeben, dass er ihn unterstützen wird. Leos Wahl ist für Tim völlig in Ordnung, wenn er Begeisterung darin findet.

Großartig!

FRAGEN AN DAS KIND (DEN TEENAGER), DAS (DER) SIE EINMAL WAREN

Welche Erwartungen hatten Ihre Eltern an Sie?

Wie und wann haben Sie ihnen einiges „zu beißen" gegeben, weil Sie selbst ganz anderes vorhatten, als das, das Ihre Eltern wollten?

Was war an ihren Erwartungen für Sie gut?

Wo haben Sie ihre Erwartungen genervt?

Wie war es dann, Ihren eigenen Weg zu wählen?

Wie fühlen Sie sich heute?

53

BRIEF AN IHR KIND, WENN ES
EINMAL ERWACHSEN IST

LIEBE(R) _____ ,

ALS DU NOCH SEHR KLEIN WARST, HABE ICH MIR MANCHMAL GEDACHT, AUS DIR
WIRD EINMAL ···

_____

_____

SPÄTER DANN DACHTE ICH, AUS DIR WIRD ···

_____

_____

WENN ICH GANZ EHRLICH BIN, DANN WOLLTE ICH,
DASS DU (TUST, LERNST) ···

_____

_____

ALS „BESTE" ZUKUNFT FÜR DICH HABE ICH ···

_____

_____ GESEHEN.

DU HAST MEINE ERWARTUNGEN AN DICH ENTTÄUSCHT/ NICHT ENTTÄUSCHT,
INDEM DU ···

_____

_____

ALLERDINGS HAST DU MICH AUCH SEHR POSITIV ÜBERRASCHT, INDEM DU ···

_____

_____

HEUTE BIST DU _____ JAHRE ALT UND ICH SEHE FÜR DEINE ZUKUNFT:

_____

_____

_____

BESTE GRÜSSE,

_____

Eltern sind nicht Michelangelo

... und manche Kinder sind wie Sandstein, andere wie Granit und alle trotzdem wertvoller als der teuerste Marmor.

Fragen, die manche Eltern bewegen:

✄ Was wird einmal aus meinem Kind werden?

✄ Wie kann ich mein Kind zu einem wichtigen und guten Menschen formen?

✄ Wird mein Kind seinen Platz im Leben finden, obwohl es so anders ist als Gleichaltrige?

✄ Welche Folgen haben Fehler in der Erziehung?

Die Kapitelüberschrift hängt mit einem Ausspruch zusammen, den der berühmte Bildhauer und Maler Michelangelo Buonarroti getätigt haben soll. Er meinte: „Ich sehe die Statue schon im Stein. Ich muss nur alles wegschlagen, was nicht dazugehört."

Es gibt Eltern, die sich für Michelangelo halten und ihr Kind für einen Block Marmor. In Erziehung und Ausbildung der Kinder geht es für sie nur darum, wegzuarbeiten, was nicht zu dem Kunstwerk gehört, das ihnen vorschwebt.

Eltern sollten aber nicht die Statue sehen, die sie sich wünschen würden. Vielmehr geht es darum, zu erkennen, wer ihr Kind wirklich ist.

Bleiben wir bei Gesteinsarten:

Manche Kinder sind eher weicher, wie Sandstein oder Kalkstein.

Andere Kinder sind wie Marmor oder sogar Granit.

Keine dieser Gesteinsarten ist besser oder schlechter, jede hat ihre Qualitäten. Sandstein und Kalkstein lassen sich besser formen, und deshalb wurden einige der schönsten Schlösser und Kathedralen daraus gebaut. Wie wir wissen, verwittern diese Gesteinsarten leichter und müssen öfter renoviert werden.

Marmor und Granit sind härter und widerstandsfähiger. Eine Statue aus Marmor zu hauen ist eine anstrengende Meisterleistung, und Granit mag sich als Pflasterstein eignen, weniger aber für Kunstwerke.

Trotzdem haben alle diese Gesteinsarten ihren Platz und ihre Funktion in der Welt.

Wer ist mein Kind wirklich? Wie ist es wirklich?
Das sind die entscheidenden Fragen.

Welche „Gesteinsart" ein Kind ist, wird bereits genetisch vor der Geburt angelegt.

Unsere äußere Struktur – also unser Körperbau und unser Aussehen – wird von den Genen bestimmt, aber auch Temperament, Ängstlichkeit und Aggressivität werden uns – nach Ansicht vieler Experten – wie es so schön heißt, in die Wiege gelegt. Interessen, Talente und Neigungen sind in uns veranlagt.

Jeder Mensch erfährt in den ersten Jahren seines Lebens Prägungen. Es handelt sich um Erlebnisse, die das Baby und Kleinkind hat, die es aber nicht zuordnen kann, da ihm die Vergleiche fehlen. Diese Erlebnisse, bei denen es oft um das Verhalten der Eltern, der Geschwister und der Umwelt geht, sowie darum, Liebe zu bekommen, hinterlassen Spuren in der Psyche eines kleinen Menschen.

Um den Vergleich mit Gesteinsarten fortzusetzen: Jedes Kind hat Einschlüsse oder Bruchlinien. In Sandstein und Kalkstein gibt es zum Beispiel Muschelabdrücke und in Marmor und Granit Bruchlinien.

Das alles gehört zu Gestein dazu, es ist eben so. Wahre Künstler, egal ob die Eltern in der Erziehung oder später der erwachsene Mensch im Leben, erkennen solche Einschlüsse und Bruchlinien. Vielleicht ist es möglich, sie auszubessern, oder aber sie werden zum Teil des Kunstwerks gemacht.

Erlebnisse im frühesten Kindesalter können uns später Probleme bereiten, allerdings können wir daraus auch Vorteile ziehen. So wie ein Bildhauer die Bruchlinie im Marmorblock in sein Kunstwerk einbeziehen oder die Statue zerfallen lassen kann.

Dazu ein Beispiel aus meinem Leben:

Mir wurde einmal erklärt, dass ich wohl in frühester Kindheit erlebt habe, wie wichtig es ist, andere glücklich zu machen, um geliebt zu werden. Mir ist dadurch kein echter Schaden entstanden, aber ein Verhaltensmuster, das sich nicht immer nur zu meinen Gunsten auswirkt. Viel zu oft habe ich ja gesagt, wenn ich eigentlich eher nein gemeint habe, doch das enttäuschte Gesicht meines Gegenübers hat mir Schuldgefühle gemacht.

Die alte Gedankenfolge ist losgegangen: Ich habe jemanden nicht erfreut, also werde ich nicht geliebt.

Auch wenn es sich um Leute gehandelt hat, deren Liebe mir wirklich nicht wichtig war, habe ich mich trotzdem nicht wohlgefühlt. Seit mir das aber bewusst ist, kann ich leichter damit umgehen. Die Gefühle kommen noch immer, aber ich nehme sie in vielen Fällen nicht ernst und tue das, was – ohne jemand anderem zu schaden – für mich gut ist.

Andererseits hat dieses Verhalten, das mir eingeprägt worden ist, ohne Zweifel zu meinem Bestreben beigetragen, Menschen mit meiner Arbeit, meinen Geschichten und Sendungen zu erfreuen und zu begeistern. Ich möchte mich meinem Publikum nicht anbiedern, aber ich will als kreativer Mensch etwas schaffen, das andere glücklich macht.

Erfahrungen und Prägungen, die auf den ersten
Blick negative Auswirkungen haben, bringen also
auch manchmal Vorteile mit sich.

Das Erkennen und der Umgang damit haben mir sehr geholfen.

Haben meine Eltern versagt, als ich klein war? Haben sie mir da einen „Schaden" zugefügt? Ganz sicher nicht, und auf keinen Fall wissentlich oder willentlich.

Beide waren damals aber viel unterwegs. Sie haben viel gearbeitet und sind beruflich oft gereist. Obwohl meine Großeltern voller Liebe waren, wenn sie auf meinen Bruder und mich aufgepasst haben, habe ich mich doch ein wenig verlassen gefühlt.

Es gibt Erinnerungsfetzen in meinem Kopf, aus frühesten Tagen – ich war damals vielleicht ein oder zwei Jahre alt – und ich kann noch immer diese Unsicherheit spüren, ob meine Eltern auch wirklich zurückkommen. Vielleicht ist da sogar eine leichte Erinnerung an ein Schuldgefühl: die Einbildung, sie wären fort, weil ich sie eben „nicht glücklich gemacht habe".

Wenn auch das echte Verhalten der Eltern nicht so schlimm ist, kann es einem kleinen Kind doch so erscheinen.

Unter keinen Umständen soll diese Erkenntnis neuen Stress für Eltern auslösen. Es ist absolut unmöglich, Kinder in einer perfekten Atmosphäre aufwachsen zu lassen. Es wird und kann immer etwas „passieren", das für das Kind verstörend ist, und in vielen Fällen werden es die Eltern nicht einmal erkennen können.

Weder heile Welt noch fehlerfreie Eltern
machen eine ideale Kindheit aus.

Wenn Kinder wie Bausteine der Menschheit gesehen werden, so ist es mir wichtig, eines zu betonen: Ganz egal, welche Form und Größe sie haben, sie haben ihren Platz und ihre Bedeutung.

Das trifft auch auf Kinder zu, die vielleicht auf den ersten Blick „anders" erscheinen.

Wieder ein Vergleich aus der Welt der Steine und der Bausteine: Quader und Würfel erscheinen doch am besten geeignet für solide Mauern.

Stellen Sie sich nun aber vor, ein Kind ist ein kleiner dreieckiger Stein. Die Eltern können darüber verzweifeln, sie können damit hadern, sie können sich fragen, ob sie etwas falsch gemacht haben, sie können alle Hoffnung auf eine gute Zukunft fahren lassen.

Die Eltern eines kleinen dreieckigen Stein-Kindes könnten aber auch erkennen, wie wichtig solche Steine in gemauerten Bögen sind. Damit der Bogen hält, wird an der Spitze immer ein solcher Stein eingesetzt. Es ist der so genannte Schlussstein, ohne den der Bogen einstürzen würde.

Zum Abschluss diesmal eine Frage: Wenn wir Kinder als unterschiedlichste Steine betrachten, mit Einschlüssen und Bruchlinien, ist gute Erziehung dann nicht so zu sehen: Ist Erziehung nicht die Unterstützung für das Kind, aus sich selbst das Kunstwerk zu holen, das in ihm steckt, und die Begleitung, damit es den besten Platz unter anderen Kunstwerken finden kann?

Was ist mir
wohl ins Leben
mitgegeben worden?

Mit welcher Gesteinsart war
und bin ich vergleichbar?

Sandstein – Kalkstein – Marmor – Granit

✻   Welches Temperament ist mir „in die Wiege" gelegt worden? Bin ich eher still, offen, friedlich, jähzornig, leicht wütend, optimistisch, ängstlich...?

✻   Welche Talente habe ich von Geburt an mitbekommen?

✻   Kann ich mich an Erlebnisse aus meiner Kindheit erinnern, die mir bis heute Unbehagen bereiten?

BRIEF AN DEN ERWACHSENEN,
DER MEIN KIND EINES TAGES SEIN WIRD

LIEBE(R)————————————————————,

HEUTE MACHE ICH EIN PAAR NOTIZEN ÜBER DICH, WIE ICH DICH ALS KLEINES KIND
ERLEBT HABE.

DU WARST ALS BABY ···

_____

BALD HAT SICH HERAUSGESTELLT, DASS DU VOM TEMPERAMENT HER SO
BESCHRIEBEN WERDEN KANNST:

_____

_____

WENN ICH DICH MIT DEINEN GESCHWISTERN/FREUNDINNEN/FREUNDEN
VERGLEICHE, DANN WAR DEINE BESONDERHEIT VON ANFANG AN:

_____

WENN ICH DICH MIT EINER GESTEINSART VERGLEICHEN SOLL, DANN WÜRDE ICH
SAGEN, DU BIST VON GEBURT AN ···

_____

_____

MEIN EINDRUCK VON DIR ALS KIND IST, DASS DU ALS „STEIN" FOLGENDE FORM
HABEN KÖNNTEST (BAUSTEIN, SÄULE, BOGEN, SCHLUSSSTEIN, KRÖNUNG DES
TURMES ET CETERA):

_____

ICH HABE FÜR DICH WIRKLICH MEIN BESTES GEGEBEN, ABER MANCHMAL FRAGE
ICH MICH, OB ICH NICHT AUCH NOCH DAS TUN SOLL – ODER OB DAS SO GUT WAR:

_____

AUF JEDEN FALL BIN ICH STOLZ AUF DICH, SO WIE DU BIST. DU HAST MIR SCHON
SO VIEL FREUDE GEMACHT MIT …

_____

_____

HABE ICH ETWAS GETAN, DASS DU SPÄTER EINMAL KRITISIERST, DANN SOLLST DU
WIRKLICH WISSEN, WIE SEHR ICH MICH BEMÜHT HABE, EINE GUTE MUTTER/ EIN
GUTER VATER ZU SEIN.

IN LIEBE
DEIN(E) _____

Liebe Eltern,
regt euch bitte ab

In meinem Umfeld und Freundeskreis habe ich etwas beobachtet, dem ich mittlerweile eine gewisse Allgemeingültigkeit zuschreibe.

Eine Freundin hat berichtet, dass ihre Tochter sie zur totalen Verzweiflung gebracht hat, da sie als Kleinkind fast nicht zu beruhigen war. Sie hat geschrien und geschrien.

Ein Psychiater hat mir den wunderbaren Spruch gesagt:

„Es ist normal, wenn man kleine Kinder und Hundewelpen aus dem Fenster werfen will.
Es ist nur nicht normal, wenn man es tut."

Meine Freundin war ratlos und verzweifelt und hat natürlich Hilfe beim Kinderarzt gesucht. Sie hat ihre Verzweiflung niemals an ihrem Kind ausgelassen, aber es war schon wichtig, sie einzugestehen. Heute ist die Tochter fast erwachsen, und ihre Mutter erzählt ruhig und mit tiefer Menschlichkeit über diese Zeit.

Übrigens hat meine Freundin damals durch Zufall einen Trick entdeckt, den ich hier gerne weitergeben will: Ihre kleine Tochter hat sich augenblicklich beruhigt, wenn sie den Staubsauger gehört hat. Sie hat selig neben dem brummenden Gerät geschlafen. Also hat ihn ihre Mutter nahe zum Gitterbett gestellt und manchmal stundenlang laufen gelassen.

Die Gründe für das gerade beschriebene Verhalten können vielfältig sein. Interessant habe ich diesen Bericht einer Kinderpsychologin gefunden: Ein Kind bekommt oft, wenn es mit der Mutter spazieren geht, Schreianfälle. Die Anfälle sind so laut und so heftig, dass die Mutter den Rat der Psychologin braucht, weil vor allem an Orten wie dem Tiergarten und auf Spielplätzen viele Leute tadelnd die Stirn runzeln.

„Es sieht aus, als hätte ich meinem Sohn wehgetan", berichtet die Mutter. „Er lässt sich nur sehr schwer beruhigen. Ich muss lange auf ihn einreden."

Die Psychologin stellte viele Fragen zu den Vorfällen und entdeckte schließlich folgendes Muster: Jedes Mal vor einem der Anfälle hatte die Mutter eine Freundin getroffen und mit ihr zu reden begonnen. Fast immer hatten die Frauen den Spaziergang gemeinsam fortgesetzt.

Die Folgerung der Psychologin: Der kleine Sohn war bitter enttäuscht, weil er eigentlich auf Zeit mit seiner Mutter gehofft hatte. Da sie ihre Aufmerksamkeit nun aber jemand anderem zuwandte, hatte er mit den Schreianfällen einen Weg gefunden, wie er sie doch noch bekommen konnte.

Die Ursachen für manche Eigenarten eines Kindes können sehr vielfältig sein, wie mir ein anderes Beispiel gezeigt hat.

Eine Mutter berichtet, dass ihre kleine Tochter immer nur sehr langsam isst. Sie sitzt bei Tisch und nimmt jeden

Bissen im Zeitlupentempo. Es scheint nicht so, als würde es ihr nicht schmecken. Überhaupt kann gesagt werden, sie hat Appetit und ist, was die Speisenauswahl angeht, nicht heikel, sie scheint das Essen auch zu genießen. Aber sie ist nicht zu bewegen, schneller zu essen.

Was sich nach längeren Gesprächen mit der Kinderpsychologin herausgestellt hat, war, dass die Tochter herausgefunden hatte, wie sie ihre Mutter länger am Tisch halten konnte. Mahlzeiten waren Zeiten, in denen sie die volle Aufmerksamkeit der Mutter bekam und das wollte sie ausnützen.

Natürlich ist das keine Regel, sondern eben ein Fall, zu dem es aber sicher noch andere ähnliche gibt. Das Verhalten der Kinder war aber keine „Störung" oder eine „schlechte Entwicklung", sondern eher ein stummer Ruf nach Aufmerksamkeit.

In beiden Fällen haben die Eltern übrigens eingestanden, durch die Hektik des Alltags manchmal wirklich zu wenig Qualitätszeit mit ihren Kindern verbringen zu können.

Qualitätszeit gibt – nach meiner Beobachtung und meinem Erleben – Kindern am meisten Kraft. Also die Zeit, in der sie wirklich die Aufmerksamkeit der Eltern haben.

Ich selbst bin in einem Elternhaus aufgewachsen, in dem sehr viel gearbeitet wurde. Mein Vater war leidenschaftlicher Arzt, meine Mutter hat ihr Leben und die Praxis, die sie hatten, gelenkt und geleitet.

Vier Nachmittage in der Woche kam eine Kinderfrau, die auf meinen Bruder und mich aufgepasst hat. Ich gestehe an dieser Stelle gerne ein, dass ich diese Nachmittage geschätzt habe. So sehr ich meine Eltern geliebt habe, Zeit ohne sie war gut und wichtig. Dafür war das gemeinsame Sonntagsfrühstück aber ein fixer Bestandteil jeder Woche. Bei diesem Frühstück haben wir über alles geredet, und meine Eltern haben mich für vollwertig genommen, also aufmerksam zugehört, nicht belehrt, sondern erklärt und mich für vieles begeistert.

Meine Eltern waren immer für mich da,
wenn ich sie gebraucht habe. Gleichzeitig haben sie
mir Platz zum Wachsen und Erproben gelassen.

Unendlich dankbar bin ich meinen Eltern, dass sie mir ihre Stimmungen immer erklärt haben. Ohne mich zu überfordern haben sie ihre Traurigkeit über den Tod meiner Großeltern und auch Enttäuschungen im Leben erklärt. Sie haben einfach ruhig und locker erzählt, was sie bewegt und mir verständlich gemacht, dass es nicht meine Schuld ist und ich auch nichts für sie tun kann.

Danke, danke, danke dafür!

Mir blieb es erspart, mich schuldig an der Stimmung meiner Eltern zu fühlen. Daher kann es besser sein, wenn Eltern ehrlich mit ihrer Gemütslage umgehen, ohne aber das Kind damit zu überfordern und in die Lösungssuche einzubeziehen.

Es entspannt die Situation, wenn Eltern eingestehen,
von einer beruflichen oder menschlichen Herausforderung
belastet zu sein, aber an der Lösung zu arbeiten.

Das zeigt dem Kind dann wieder die Stärke, die es gerne erfahren will.

Eltern, die sich eingestehen, Menschen zu sein und die ihre Limits in manchen Situationen mit ihrem Kind spüren, sind Eltern, die sich selbst lieben.

Eltern, die sich selbst lieben, können ihren Kindern besonders viel Liebe geben, und Liebe ist die Sonne, die Kinderseelen wärmt und sie wachsen lässt.

Eltern, die gewillt sind, sich selbst liebevoll,
aber kritisch zu sehen und die versuchen, ihr Leben freudig zu
leben, geben ihren Kindern eine wunderbare Grundlage
für das eigene Leben.

In München leben Freunde von mir, die in der TV- und Buchbranche arbeiten. Sie haben drei Kinder, eine Tochter und zwei Söhne. Ein Besuch ist mir unvergesslich. Damals war die Tochter elf, der mittlere Sohn acht und der Jüngste knapp fünf Jahre alt.

Beim Betreten des Reihenhauses, das die Familie bewohnt hat, ist mir eine lächelnde Ruhe entgegengeschlagen.

Lächelnde Ruhe – ja, das beschreibt es am besten. Allerdings sollte ich nicht sagen „entgegengeschlagen", die Ruhe hat mich empfangen.

Das Haus war sauber und aufgeräumt, aber weder klinisch steril noch stand alles penibel an seinem Platz. Unvergesslich ist mir der Besuch, weil ich das Gefühl hatte, eine andere Welt zu betreten.

Die Einstellung der Eltern zu ihren Kindern kann ich mit einem Wort beschreiben:

beruhigt.

Der mittlere Sohn Fabio kam als erster aus dem ersten Stock, wo die Kinder ihre Zimmer hatten. Sein größter Wunsch war, mir sein Zimmer und seine Schätze vorzuführen. Er war ein leidenschaftlicher Sammler von Mineralien, Holzstücken, die an Monster erinnerten, und Entwürfen zur Burg seiner Träume.

Seine große Schwester Lotta lag auf dem Bett und hörte Musik. Sie winkte mir durch die offene Tür zu und kam erst später. Der Jüngste, Ole, war noch bei einem Freund, und als er zurückkam, raste er erst einmal wie eine wilde Hummel durch das Haus, um mir danach die Hand so heftig zu schütteln, als wollte er mir den Arm ausreißen.

Die Mutter hat mir erzählt, dass Fabio zu Weihnachten nie wusste, was er sich wünschen sollte. Er hatte auch im vergangenen Jahr lange nachgedacht und war schließlich strahlend mit dem Vorschlag gekommen, er könnte sich neues Bettzeug mit Dinosauriern darauf wünschen.

Am Nachmittag gab es Kuchen und danach einen gemeinsamen Spaziergang. Das neue Lieblingsziel aller drei

Kinder war eine verwilderte Au, wo sie mit ihrem Vater „Wildes Fangen" spielten und ich eingeladen wurde, mitzumachen.

Fitnesscenter war gestern, über umgefallene Stämme springen und auf Bäume klettern erwies sich eindeutig als besseres Training. Ich war nach einer Stunde nicht nur außer Atem, sondern richtig schön müde.

Ich habe mit meinen Freunden losen Kontakt, wir sehen uns aber fast jedes Jahr vor Weihnachten zu einem Essen. Ihre Kinder sind mittlerweile junge Erwachsene und gehen alle ihren Weg.

Ole wusste nach der Schule einfach nicht, wie er weitermachen sollte. Seine Eltern haben ihn angeleitet, für einige Monate einen Job anzunehmen, um nicht einfach nur zu Hause herumzusitzen. Das aber wollte Ole nicht. Stattdessen hat er ihnen folgenden Vorschlag gemacht: Er würde auf ein halbes Jahr sämtliche Tätigkeiten im Haus machen, putzen und kochen und die Eltern, die beide viel unterwegs waren und oft Taxis zum Bahnhof oder Flughafen genommen haben, selbst chauffieren.

Das hat er auch wirklich gemacht. Seine Eltern stimmen darin überein, dass sie nie zuvor und nie danach ein bequemeres und besseres Leben hatten. Natürlich wurde Ole für diese Tätigkeiten bezahlt.

Selbst heute, wenn ich den Kindern manchmal begegne, ist die herzliche Ruhe zu spüren, die ihre Kindheit ausgemacht hat. Sie schwingt bis heute nach.

Meine Freunde fallen für mich in diese Kategorie: „Beruhigte Eltern". Darunter verstehe ich Menschen, die dem Leben mit einer gewissen Ruhe und Zuversicht begegnen. Sie verbringen mehr Zeit mit schönen Dingen als mit Warnungen, Vorsichtshinweisen und Angstmache.

Beruhigte Eltern geben ihrem Kind Liebe, Verbundenheit und Herzlichkeit. Gleichzeitig aber setzen sie Grenzen und drücken ihr Missfallen aus, wenn das Kind etwas tut, das schmerzt oder zerstört oder wenn es etwas verlangt, das nicht möglich ist.

Am Beispiel von Lotta, Fabio und Ole ist aber zu sehen, dass Kinder beruhigter Eltern völlig unterschiedlich in ihren Temperamenten sein können. Ole war ein stürmisches und eher lautes Kind, während seine Geschwister zurückhaltend und stiller gewirkt haben.

Alle drei hatten eines gemeinsam: diese grundsätzliche „Beruhigtheit", die ihnen eine stabile Basis im Leben gegeben hat.

Meine Erkenntnis und meine Beobachtung bei vielen Familien lautet daher:

Beruhigte Eltern – beruhigte Kinder.

WIE WAR DAS DAMALS IN IHRER EIGENEN KINDHEIT?

Wie würden Sie die Reaktionen Ihrer Eltern auf folgende Themen einstufen?

0 = ruhig (aber bestimmt)
1 = ein wenig unruhig
2 = gereizt
3 = verärgert

UNORDNUNG

LÄRM

SCHMUTZ

UNERFÜLLTE ERWARTUNGEN

UNGEHORSAM

MISSMUT

ALLES ANDERS ALS GEPLANT

UNWAHRHEITEN

NACH DREI ERMAHNUNGEN

NOCH IMMER NICHT ...
Wie war die Atmosphäre bei Ihnen zu Hause insgesamt?

Wie hat sie Sie damals beeinflusst?

Welche Stimmung hätten Sie sich damals vielleicht anders gewünscht?

SELBSTTEST

Wie reagieren Sie selbst heute auf diese Themen?

UNORDNUNG ☐

LÄRM ☐

SCHMUTZ
UNERFÜLLTE ERWARTUNGEN ☐

UNGEHORSAM ☐

MISSMUT ☐

ALLES ANDERS ALS GEPLANT ☐

UNWAHRHEITEN ☐

NACH DREI ERMAHNUNGEN
NOCH IMMER NICHT ... ☐

UNVERLÄSSLICHKEIT ☐

Empfinden Sie das alles als gut, so wie es ist?

Gibt es irgendwo Verbesserungspotential?

Wollen Sie immer so reagieren, oder könnten Sie auch anders reagieren, ruhiger? Was wäre dazu nötig?

BRIEF AN MEIN KIND,
WENN ES EINMAL ERWACHSEN IST

LIEBE(R) _____ ,

HEUTE MÖCHTE ICH DIR EINMAL DIE STIMMUNG BEI UNS IN DEINEM ZUHAUSE
BESCHREIBEN:

WIR – DEINE ELTERN – SIND (EIGENE BESCHREIBUNG, ALS WIE RUHIG ODER
GESTRESST SIE SICH EMPFINDEN):

_____

UNFRIEDLICH UND STÜRMISCH WIRD ES BEI UNS, WENN ···

_____

WAS WÄRE WOHL DEIN WUNSCH ALS KIND AN MICH, DEINE(N) MUTTER/VATER?

_____

UNSER LEBENSMOTTO WÜRDE ICH SO BEZEICHNEN:

_____

WIE IMMER GRÜSSE ICH DICH HERZLICH AUS DEINER KINDHEIT,

MAMA/PAPA

Die größten Geschenke
kosten fast nichts

Erwachsene können Kindern manchmal
auf vielleicht ungeahnte Weise Freude bereiten und ihnen Halt geben.

Das Geschenk der Langsamkeit

Freunde von mir hatten immer Au-pair-Mädchen zur Betreuung ihrer beiden Kinder bei sich. Ihre Tochter war vier,
ihr Sohn drei.

Als eines der Au-pair-Mädchen wieder zurück nach
Frankreich ging, kam die Agentur, die die Au-pairs ver-
mittelte, mit einem damals ungewöhnlichen Vorschlag: Sie
fragte an, ob die Familie Interesse hätte, einen 24 Jahre alten
Mann aus Rumänien zu nehmen. Er hatte davor bereits eine
Stelle gehabt und die besten Referenzen.

Die Familie entschied sich, es zu versuchen. Eine männ-
liche Bezugsperson war eine willkommene Abwechslung.
Allerdings hatten sie nicht in ihren kühnsten Träumen mit
Inko gerechnet. Die Mutter der Familie hat lange vom ersten
Schock erzählt, als sie die Haustür öffnete.

Inko war ein Punk mit einer Sicherheitsnadel im Ohr,
Irokesenkamm in Regenbogenfarben, Combat Pants, mit
Schnürstiefeln und Lederjacke. Bevor meine Freundin aber
von Vorurteilen völlig übermannt wurde, streckte ihr Inko
die Hand entgegen und sprach sie in fast akzentfreiem

Deutsch in der höflichsten Art und Weise an. Für ihn war die Reaktion auf seine Erscheinung nicht ungewohnt, und er machte gleich einen Scherz, dass er nicht halb so gefährlich sei, wie er vielleicht auf den ersten Blick wirke.

Die beiden Kinder kamen neugierig angestürmt und musterten ihn mit weit aufgerissenen Augen. Sie erholten sich viel schneller als ihre Mutter von der ersten Überraschung, nahmen Inko an der Hand und zogen ihn mit sich ins Kinderzimmer. Dort fanden ihn die Eltern wenig später spielend auf dem Boden und ihre Kinder mit ihm so vertraut, als wäre er schon immer da gewesen.

Inko blieb, und die Kinder waren begeistert, die Eltern aber sehr bald auch. Er erwies sich als äußerst verlässlich, klar und bestimmt mit den Kindern, gleichzeitig aber auch als hervorragender Spielkamerad.

Nachmittägliche Spaziergänge, die die Kinder allerhöchstens dann interessant fanden, wenn sie den Spielplatz als Ziel hatten, waren nun immer und bei jedem Wetter beliebt. Inko machte nämlich aus jedem Spaziergang ein Abenteuer. Meistens starrten die Kinder wie Inko vor Dreck, wenn sie nach Hause kamen, weil sie durch das Unterholz gerobbt und auf Bäume geklettert waren.

Völlig selbstverständlich steckte Inko die schmutzigen Sachen in die Waschmaschine und die Kinder in die Badewanne. Da sie nach diesen Touren meistens ziemlich müde waren, gingen sie ohne Widerstand ins Bett.

Zu keiner Zeit ließ Inko seinen Schützlingen alles durchgehen. Er bestand darauf, dass Vereinbarungen eingehalten wurden und setzte auch klare Richtlinien, wenn es um Schlafenszeiten und Essen ging. Trotzdem aber liebten ihn die Kinder über alles und vielleicht gerade deshalb hatten sie auch großen Respekt vor ihm.

Eine der größten Qualitäten von Inko entdeckten die Eltern durch Zufall. Er machte den Kindern ein Geschenk, dessen Größe und Kostbarkeit meinen Freunden erst später bewusst wurde.

Die Familie wohnte in der Innenstadt, und an einem Samstag war ein Treffen mit Großeltern und anderen Verwandten in einem Restaurant geplant, das zu Fuß erreicht werden konnte.

Viel zu früh verließ Inko mit den Kindern das Haus. Meine Freunde folgten später und wollten schnell noch in einer Buchhandlung etwas abholen.

Durch Zufall stießen sie auf Inko und die Kinder. Die drei bemerkten die Eltern nicht, die den Au-pair beobachten konnten. In diesen Momenten wurde ihnen klar, was ihre Kinder an ihm so besonders schätzten und wieso sie ihm andererseits so sehr folgten: Inko machte ihnen das Geschenk des eigenen Tempos, anders ausgedrückt, das Geschenk der Langsamkeit.

Er stand mit den beiden vor dem Schaufenster einer Musikalienhandlung und sie betrachteten und besprachen fast jedes Instrument einzeln. Die Eltern mussten sich eingestehen, dass sie selbst die Kinder in diesem Moment eher weitergezogen hätten. Inko aber hatte nicht nur die Geduld, sondern ließ sich auch auf das Gespräch der Kinder ein.

Anschließend schlenderte er mit ihnen weiter, und beim nächsten Schaufenster wurde wieder ein Stopp eingelegt. Inko war, wie er später sagte, absichtlich früh losgegangen, damit genug Zeit zum Schauen vorhanden war. Übrigens hatte er selbst seine Freude daran, was den Kindern sehr entgegenkam.

Niemand verlangt, dass Eltern immer so viel Zeit aufwenden, aber eines sollte uns bewusst sein: Es zu tun ist ein großes Geschenk für Kinder.

Das Geschenk des Erlebens

Meine Neffen Paul und Jakob (drei und fünf) sind das, was man wohlerzogene, mit viel Liebe begleitete und verwöhnte, aber niemals „verzogene" Kinder nennt. Ihre Eltern beschäftigen sich viel mit ihnen, vor allem ihre Mutter, sie lernen klare Richtlinien kennen und genießen trotzdem viele Freiheiten.

Die beiden teilen sich ein Zimmer, das zu einigen Zeiten Ähnlichkeit mit einem Spielwarenladen hatte. Es gab wohl kaum ein Auto, eine Eisenbahn, einen Traktor zum Draufsetzen oder ein Brettspiel, das die zwei nicht besaßen.

Ihr großer Bruder Noah (16) kümmert sich unglaublich geduldig um die zwei, schaut sich mit ihnen Animationsserien an, spielt im Haus und im Garten und ist eindeutig ein Bruder, wie ihn sich jeder nur wünschen kann.

Pauls Geburtstag fällt auf Ende Oktober, Weihnachten stand bald darauf wieder einmal vor der Tür. Beim Anblick der vielen schon vorhandenen Spielsachen war ich als Onkel mehr als ratlos, was ich den Kindern schenken konnte.

Womit kann man Paul noch Freude machen?

Seine Mutter verriet mir Pauls größten Wunsch. Er war doppelt und dreifach groß und wichtig, weil die Familie gerade ein Haus gebaut hatte und etwas knapp bei Kasse war.

Paul wollte einfach nur Urlaub. Damit war für den Fünfjährigen keine lange Reise gemeint. Urlaub ist in seinen Augen, wenn alle gemeinsam wegfahren, anderswo übernachten und etwas erleben. Außerdem schien Paul auch instinktiv klar geworden zu sein, wie gut diese Zeit seinen Eltern tat, und er wollte sie fröhlich sehen.

Nicht das neueste Spielzeug kann das größte Geschenk sein, sondern das gemeinsame Erleben.

Das Geschenk der Aufmerksamkeit

Meine Schwägerin Lena ist eine bewunderte Mutter, die sich selbst lachend als Glucke bezeichnet. Sie erdrückt die Kinder aber nicht in Fürsorge und Liebe, sondern ist wie ein großartiger Coach, die beste Kindergärtnerin und jemand, der klare Richtlinien setzt. Ich persönlich finde sie nicht streng, aber entschieden. Alle drei Söhne sind herzliche und fröhliche Jungen.

Sie macht ihren Kindern große Geschenke, von denen ich unbedingt erzählen möchte. Eines davon ist es, sich des Wertes bewusst zu sein, das Smartphone manchmal wegzulegen, ehrlich zuzuhören und nicht nur einfach etwas zu sagen, damit das Kind Ruhe gibt.

Ich wiederhole: Ihr ist bewusst, dass sie ihren Söhnen gerne volle Aufmerksamkeit schenken würde und es nicht immer gelingt. Aber es gelingt immer öfter und ihr ist klar, welches Geschenk die ungeteilte Aufmerksamkeit bedeutet.

Das Geschenk der Ehrlichkeit

Vor vielen Jahren kamen zahlreiche Sendungen für Kinder live aus dem Studio. Es wurde also direkt gesendet, Nachbearbeitungen waren nicht möglich.

Eine dieser Sendungen war eine Diskussionsrunde von Kindern mit einem Moderator. Gemeinsam wurde über Mode gesprochen, über die Bedeutung von Cliquen und dem Ansehen, das man dort genießt, und über die vielen anderen Themen aus dem Alltag von Kindern und Jugendlichen.

An einem Mittwoch war es wieder so weit. Als Moderator der Sendung habe ich kurz vor Ausstrahlung die Diskussions-TeilnehmerInnen kennengelernt, die aus einem Bundesland angereist waren. Wie jedes Mal habe ich alle Mädchen und Burschen per Handschlag begrüßt und ein paar Worte mit ihnen gewechselt. Sehr bewusst wurden die Gespräche kurz gehalten, damit der späteren Diskussion nichts weggenommen wurde.

Schließlich war es so weit. Ungefähr zehn Minuten vor Beginn der Ausstrahlung sind wir alle gemeinsam ins Studio gegangen. Dabei ist auf einmal ein Junge neben mir gegangen, dessen kritische Seitenblicke mir schon vorher aufgefallen waren.

Er hat mich angegrinst und mir leise mitgeteilt: „Ich kann dich nicht leiden, weil du ein Idiot bist."

Mit vielem rechnet man als Moderator, aber damit nicht. Mir ist fürs Erste die Spucke weggeblieben. Was nun? Es wäre das Einfachste gewesen, die Kinderbetreuung herzuwinken und darauf zu bestehen, dass der Junge vor dem Studio bleibt.

Heute weiß ich nicht mehr warum, aber ich habe es nicht getan. Stattdessen habe ich zu ihm gesagt: „Ganz ehrlich, ich finde dich auch nicht sonderlich sympathisch. Aber wir müssen jetzt eine Sendung machen. Das können wir tun, wenn du dabei sein willst. Falls nicht, dann bitte sag es jetzt, denn ich werde die Sendung präsentieren und möchte nicht, dass sie gestört wird."

Der Junge hat kurz überlegt und dann zustimmend genickt. „Ich mach mit!"

Er war einer der besten Teilnehmer, die ich je hatte, hat sich oft gemeldet und interessante Kommentare abgegeben. Als wir fertig waren und das Studio wieder verlassen haben, ist er wieder neben mir aufgetaucht.

„Bist eh nicht so blöd", war sein Kommentar.

Ich habe es als Kompliment genommen.

Keinem von uns beiden hat die Ehrlichkeit geschadet, die wir einander entgegengebracht haben.

Das Geschenk der Begeisterung für ein Geschenk

Zum Abschluss ein Geschenk, das vor allem zu Weihnachten viel geben kann.

Es ist das Geschenk der wenigen Geschenke, die aber mehr begeistern als ein Berg von Päckchen.

Eine Freundin hat mir erzählt, wie sie Weihnachten zu einem großen Erfolg ohne Enttäuschungen gemacht hat. In so manchen Familien artet Weihnachten mit Kindern zum Shoppingevent aus.

Dazu kommt, dass alle Familienmitglieder etwas schenken wollen und manche Kinder aufgrund des Übermaßes völlig überfordert sind.

Die Mutter, von der ich hier erzähle, bittet alle, die schenken wollen, zu einem richtig schönen Geschenk beizusteuern. Ihre Kinder (beide noch eher klein) haben keine Wunschbriefe gehabt, sondern Wunschlisten. Die schlaue Mutter hat sie dafür nicht getadelt, aber sie mit viel Feingefühl in den Wochen vor Weihnachten behutsam in Richtung eines großen Wunsches gelenkt. Sie hat sie auf eine Sache richtig „heiß" gemacht, die vielen anderen Wünsche sind alle in den Hintergrund getreten. Lag dann aber das Geschenk unter dem Weihnachtsbaum, so wurde es zum Erfolg und zur größten Freude.

Das Geschenk der elterlichen Schlauheit kann aus weniger wesentlich mehr Freude machen!

DIE GESCHENKE MEINER
EIGENEN KINDHEIT

*Haben mir Eltern oder andere wichtige Erwachsene das Geschenk
der Langsamkeit gemacht?*

*Was habe ich mit meinen Eltern Schönes erlebt, das mir unvergess-
lich bleibt?*

*Habe ich genug Aufmerksamkeit von Eltern und Erwachsenen be-
kommen oder mich zu oft „zur Seite geschoben" gefühlt?*

Wie ehrlich waren Eltern und Erwachsene mit mir?

*Welche Reaktionen habe ich bekommen, wenn ich mit etwas heraus-
geplatzt bin, das ich mir gedacht habe? Auch wenn es auf den ersten
Blick nicht angenehm für die Erwachsenen war?*

BRIEF AN MEIN KIND,
WENN ES EINMAL ERWACHSEN IST

LIEBE(R)_____ ,

HEUTE VERSUCHE ICH MIR VORZUSTELLEN, WELCHE WÜNSCHE DU AN MICH HAST.
ICH MEINE NICHT IN ERSTER LINIE DINGE, DIE ES ZU KAUFEN GIBT, SONDERN EBEN
GESCHENKE, DIE VOR ALLEM ELTERN UND AUCH ANDERE ERWACHSENE MACHEN
KÖNNEN.

WAS WÜRDE WOHL AUF DEINEM WUNSCHZETTEL STEHEN?

SOLL ICH DIR MANCHMAL MEHR ZEIT SCHENKEN? MICH MEHR AUF DEIN TEMPO
EINLASSEN?

O JA   O NEIN

MÖCHTEST DU MANCHMAL MEHR AUFMERKSAMKEIT?

O JA   O NEIN

MÖCHTEST DU MANCHMAL MEHR VON MIR ERZÄHLT BEKOMMEN?

O JA   O NEIN

WÜNSCHST DU DIR MEHR ZEIT MIT MIR?

O JA   O NEIN

WÄRE DEIN WUNSCH EIN BESONDERES GEMEINSAMES ERLEBNIS?

O JA   O NEIN

WENN JA, WAS KÖNNTE DAS SEIN?

_____

MÖCHTEST DU MEHR VORLESEZEIT? ODER MEHR KUSCHELN?

O JA   O NEIN

MÖCHTEST DU, DASS ICH MANCHMAL NICHT SO SCHNELL LOSSCHIMPFE?

O JA   O NEIN

WELCHEN WUNSCH AN MICH KÖNNTEST DU SONST NOCH HABEN, DEN ICH DIR GUT
ERFÜLLEN KANN?

_____

LASS DICH ÜBERRASCHEN, WAS ICH DA ALLES FÜR DICH HABE.

DEIN(E) PAPA/MAMA

Kinder im Leben bestärken

Wieso viele Worte, die mit W beginnen, Schlüssel sein können

„Ist doch nicht so schlimm…" ist ein Ausspruch mit fast immer schlimmer Wirkung.

Viele Abende habe ich im Restaurant von Freunden verbracht. Der großartige Koch, seine Frau und ihr Sohn sind alle meine Freunde geworden.

Meistens bin ich in einem Nebenzimmer gesessen, habe mir dort die wunderbaren Gerichte schmecken lassen und mit den BesitzerInnen geplaudert.

Der Sohn war damals neun Jahre alt, ein typischer Junge, der nicht sehr gerne gelesen hat und dem die Schule meistens gestohlen bleiben konnte. Allerdings hat er gerne in der Küche ein wenig mitgeholfen, war Großmeister im Bauen von Lego und hat bewundernswert lieb mit dem Hund der Familie gespielt.

Das Verhältnis zwischen Vater und Sohn war oft angespannt. Der Sohn, nennen wir ihn Georg, hat in den Augen des Vaters keine guten Leistungen in der Schule erbracht, zu viel ferngesehen, zu viel am Computer gespielt.

„Mit Georg zu reden ist fast unmöglich. Wenn ich etwas sage, dann verstummt er einfach und bricht das Gespräch ab", hat sich der Vater einmal beschwert. „Dabei will ich ihm nur klarmachen, dass er sich in der Schule mehr anstrengen muss. Außerdem regt er sich über Dinge auf, die doch alle nicht so schlimm sind."

Diese Sichtweise ist bei Eltern und Erwachsenen verbreitet, und die Beruhigung: „Aber geh, ist doch nicht so schlimm!", ist oft zu hören.

Den Satz „Aber geh, ist doch nicht so schlimm!"
vergleiche ich mit einer Tür, die zugeworfen wird.

Es darf keinen wundern, wenn Kinder sich dann in sich zurückziehen und Gesprächen ausweichen.

Wer von uns Erwachsenen schätzt es, wenn etwas, das ihn bewegt, von PartnerInnen oder Menschen, die uns wichtig sind, mit „Aber geh, du siehst das alles falsch!" abgetan wird?

Natürlich können wir alles falsch sehen. Natürlich können wir einen Blickwinkel eingenommen haben, der nicht hilfreich ist. Natürlich ist es gut, einen Gedankenanstoß zu bekommen. Aber doch nicht wie eine Ohrfeige und mit Überheblichkeit von oben herab.

Frageworte, die mit W beginnen, können der Schlüssel sein.
Ich meine damit den Schlüssel zu mehr Verständnis zwischen
Erwachsenen und Kindern.

Worte mit W helfen viel schneller, Türen zum Kind zu öffnen, die sonst verschlossen bleiben würden. Was sich dahinter befindet, muss uns weder schrecklich, noch bedrohlich erscheinen. Es wird meistens keine akute Gefahr für ein Kind bergen, in den Augen der Erwachsenen jedenfalls. Trotzdem aber kann es später, wenn es nicht angeschaut wird, wachsen und es kann durchaus auch einmal Schlimmeres daraus entstehen.

Wie? Warum? Was genau? Ein Wort mit W zu Beginn einer Frage kann das Verhältnis von Kindern und Eltern dramatisch verbessern.

Der Vater von Georg hat diese Methode angewandt und sehr bald von großen Erfolgen erzählt. Der Erfolg lag nicht nur in einer verbesserten Beziehung zwischen ihm und seinem Sohn, sondern auch in einem Aha-Erlebnis für ihn. Manches, was er nun gehört hat, hat ihn berührt und einiges sogar an die eigene Kindheit erinnert. Die Erinnerungen wiederum haben es ihm erleichtert, Mitgefühl für seinen Sohn und die Situationen zu entwickeln.

Besonders Wie-Fragen lassen Verständnis wachsen.

Beispiel:
– Wie war es heute in der Schule?
– Blöd.
– Aber geh. Schule kann doch nicht blöd sein.
– War aber blöd.
– Ich mag es nicht, wenn du so redest.
Peng! Die Tür fällt zu.

So kann das Gespräch auch laufen:
– Wie war es heute in der Schule?
– Blöd.
– Ach so. Was war so blöd?
– Alles.
– Nicht einmal die Pausen waren gut?
– Die schon.
– Wie ist es dir in den anderen Stunden gegangen?
– Blöd.
– Wieso?
– Weil die Lehrerin immer schimpft.
– Mit dir?
– Mit allen. Weil wir dumm sind.
– Hat sie das gesagt?
– Nein.
– Wieso, meinst du, schimpft sie? Findet sie euch schlimm?
(Anmerkung: Es ist höflich, Kindern gegenüber nicht sofort anzu-
nehmen, sie wären schlimm, sondern jemand hält sie für schlimm.
Das ist ein großer Unterschied.)
– Sie fragt uns immer, und wenn wir nichts sagen, schimpft
sie.
– Was fragt sie?
– Was sie da auf die Tafel schreibt und sagt.
– Ist das so schwierig?
– Sie redet so schnell. Da versteht man nichts.

Bingo! Volltreffer! Es geht also nur darum, dass die Lehrerin
vielleicht etwas zu schnell ist. Gut zu wissen. Falls sich das

zu einem größeren Thema auswächst, kann das einmal besprochen werden.

Oder ein anderes Beispiel:
– War's schön bei Laura? (= Freundin)
– Blöde Kuh
– Wie bitte?
– Sie ist eine blöde Kuh.
– Aber geh. Ihr seid doch Freundinnen.
– Ich hasse sie.
– Das sagt man nicht. Vertragt euch jetzt wieder.
Knall! Türe zu.

So kann es auch gehen:
– War's schön bei Laura? (= Freundin)
– Blöde Kuh.
– Wie bitte?
– Sie ist eine blöde Kuh.
– Ich dachte, ihr seid Freundinnen.
– Ich hasse sie.
– Wieso denn das?
– Weil sie blöd ist.
– Was hat sie getan?
– Nichts.
– Hmmm…wieso hat sie dich dann so wütend gemacht?
– Sie ist immer so blöd.
– Wie, blöd?
– Weil sie so angibt.

– Aha. Womit?

– Dass sie einmal Model wird.

– Will sie das? Ist das ihr Traumberuf?

– Sie sagt, sie wird Model und ich nicht.

– Wieso du nicht?

– *Schweigen.*

– Du kannst doch auch Model werden.

– *Schweigen.*

– Glaubst du nicht?

– *Kopfschütteln.*

– Wieso nicht?

– *Schweigen und Abtasten des nicht vorhandenen Bauches.*

– Fühlst du dich zu dick?

– *Schweigen = Ja.*

– Heute sind die Models nicht mehr alle so zaundürr. Wir können uns das ansehen.

– Laura ist dünn.

– Findest du wirklich? Sie sieht doch aus wie du.

Bingo! Es ging also um das Gewicht und die Linie.

Das „Wie", gefolgt von Fragen, die darauf abzielen, zu erfahren, wie es dem Kind mit einer Situation geht, kann ein großer Türöffner sein. Dadurch fühlt sich das Kind verstanden und vor allem gehört.

Das ist doch auch unser Wunsch als Erwachsene:
Wir wollen, dass wir gehört und verstanden werden.

Wenn wir manche Dinge dreimal oder noch öfter sagen, hat das oft damit zu tun, dass wir meinen, der andere hätte uns nicht verstanden, oder was wir sagen, wäre nicht einmal in seinen Gehörgang gedrungen.

Sätze wie „Aber geh...", „Ist doch nicht so schlimm...", „Also das wird schon wieder..." mögen sogar wahr sein, trotzdem verletzen sie Kinder. Sie bedeuten nämlich auch: „Ich – als großer kluger Erwachsener – weiß besser, wie das ist, und wie es dir im Moment geht, ist mir egal." Vielleicht ist das leicht überspitzt ausgedrückt, aber so ungefähr kann es bei Kindern ankommen.

Mehr Freude in das Leben von Kindern zu bringen bedeutet häufig, ihnen erst einmal offen zuzuhören.

Runter vom Erwachsenen-Podest, Schluss mit dem gönnerhaften Blick von oben herab auf Kinder.

Ende der Besserwisserei, die nicht einmal immer zutrifft.

Aber an dieser Stelle auch mein tiefes Verständnis für Eltern und ihren Zeitdruck.

Offenes Zuhören braucht Kraft und Aufmerksamkeit, und dafür ist auch die nötige Ruhe Voraussetzung.

Eltern sind auch nur Menschen, und manchmal ist ein solches Gespräch im Augenblick nicht möglich. Bevor die Anliegen des Kindes aber abgeschnitten werden, ist eine ehrliche Erklärung und Verabredung besser.

„Wir reden ein bisschen später darüber, wenn du möchtest.
Ich muss zuerst eine wichtige Sache erledigen.
Ist das in Ordnung?"

Das Wunder der einfühlsamen Fragen ist groß und bewiesen. Kinder sind gewiss keine kleinen Erwachsenen, aber trotzdem kleine Menschen, und bei uns allen ist es doch so:

Kummer wird am schnellsten kleiner,
wenn er von anderen ernst genommen und Mitgefühl
ausgedrückt wird.

WIE WAR DAS BEI
IHNEN ALS KIND?

Wie ernst genommen haben Sie sich gefühlt?

Von den eigenen Eltern?

Von LehrerInnen?

Von anderen Erwachsenen?

Wer waren die Erwachsenen, mit denen Sie als Kind die besten Gespräche führen konnten?

Was hat die Qualität dieser Gespräche ausgemacht?

Wie, wann, wo und warum haben Sie sich nicht verstanden gefühlt?
Aus heutiger Sicht: War das damals wirklich so?

Hatten Ihre Eltern genug Zeit für offene Gespräche mit Ihnen?

BRIEF AN DEN ERWACHSENEN, DER IHR KIND EINMAL SEIN WIRD

LIEBE(R) _____ ,

ES BESCHÄFTIGT MICH SEHR, WIE DU UNSERE GESPRÄCHE EMPFINDEST.

ICH VERSUCHE, DIE FOLGENDEN FRAGEN SO ZU BEANTWORTEN, WIE ICH GLAUBE, DASS DU DAS TUN WÜRDEST:

WIE GUT HÖRE ICH DIR ZU? WELCHE NOTE WÜRDEST DU GEBEN, WENN EINE EINS DIE BESTE UND EINE FÜNF DIE SCHLECHTESTE IST?

WIE GEDULDIG BIN ICH, WENN DU MIT MIR SPRECHEN WILLST?

WIE SEHR FÜHLST DU DICH WOHL VON MIR VERSTANDEN?

SAGE ICH ES DIR IMMER, WENN ICH IM MOMENT EINFACH KEINE ZEIT HABE?

VERGESSE ICH MANCHMAL SPÄTER DARAUF, MIT DIR ZU REDEN?

ICH SCHREIBE JETZT AUF, WAS ICH VON DIR WEISS. WAS HAST DU MIR IN LETZTER ZEIT ERZÄHLT, WAS DICH WIRKLICH BESCHÄFTIGT?

_____

ALS DU MIR DAS ERZÄHLT HAST, HABE ICH MIR GEDACHT:

_____

EIN GUTER ZEITPUNKT FÜR OFFENE GESPRÄCHE ZWISCHEN UNS IST ...

_____

UND EINEN GUTEN ORT FINDE ICH DAFÜR ...

_____

JETZT, WO DU ERWACHSEN BIST, WÜRDEST DU DAS RÜCKBLICKEND AUCH SO SEHEN?

_____

DAS FRAGT DICH

_____

Ehrlichkeit macht am Stärksten

Lob ist gut und wichtig – wenn es ehrlich ist.

Vor einiger Zeit habe ich im Theater ein Stück über eine Familie gesehen. Es war unendlich tragisch, aber in einer Szene gegen Ende schien dann doch noch alles gut auszugehen. (Leider tut es das nicht. Das Stück heißt übrigens *Der Sohn* und stammt von Florian Zeller.) Jedenfalls kommt der Sohn zu Besuch und überrascht seinen Vater mit einem Buch, das er geschrieben hat. Der Vater nimmt das mit großem Staunen auf und sagt dann mit tiefer Herzlichkeit: „Ich bin so stolz auf dich. Ich war immer stolz auf dich."

Wenn ich diese Worte aus dem Mund eines Vaters im Film, in einer Fernsehserie oder auf der Bühne höre, kommen mir vor Rührung immer die Tränen. Meine Eltern haben mir oftmals ihren Stolz über meine Arbeit und meine Erfolge ausgedrückt. Es bedeutet mir bis heute unendlich viel, obwohl sie schon lange nicht mehr leben.

Geht es uns nicht allen so?

Ich denke, wenn das Verhältnis zwischen Eltern und Kindern innig ist, dann hat diese Anerkennung eine große Bedeutung. Wenn das Verhältnis nicht so gut und klar ist, dann wahrscheinlich noch viel mehr.

Wer Kinder für das Leben begeistern und sie stärken will, der erkennt sie an, lobt sie und drückt seinen Stolz aus.

Aber:

Es kommt ein großes Aber, das ich für sehr, sehr wichtig halte:

All das muss ehrlich gemeint sein.

Vielleicht denkt jetzt jemand: Richtig, wieso soll ich ein Kind für ein Bild von einem Kirschenbaum loben, bei dem die Kirschen nach oben wachsen und die Vögel aussehen wie fliegende Hundehäufchen?

Stopp! Dieses Bild ist absolut lobenswert, wenn das Kind viel Mühe und Ausdauer hineingesteckt hat. Jeder kennt doch sein Kind und weiß, ob etwas eine kleine Leistung bedeutet oder einfach nur eine schnelle Kritzelei ist. Eine solche kommt auch mit einem „Schön." aus, ein Bild, mit Mühe gezeichnet oder gemalt, kann besprochen werden und großes Lob bekommen. Auch wenn darauf nicht alles „stimmt". Das ist doch unwichtig. Auf Picassos Gemälden „stimmt" auch nicht alles, und sie sind Kunstwerke. (Wobei ich damit nicht behaupten will, dass Kinder genauso gut sind wie Künstler expressionistischer oder abstrakter Gemälde.)

Ich will damit nur sagen, dass es bei Kreativität nicht in erster Linie um „richtig" und „falsch" geht.

Was Kinder spüren und was sie sogar manchmal nervt, das ist dieser Überschwang an Lob, mit dem manche Erwachsene sie überschütten. Bei anderen Gelegenheiten, bei denen das Kind meint, etwas wirklich Außergewöhnliches getan zu haben, auch wenn es den Erwachsenen nicht so erscheint, gibt es dafür dann nicht die erwartete oder nötige Anerkennung.

Wichtig ist es also, abzuschätzen, was eine Leistung für das Kind bedeutet und danach Ausmaß und Stärke von Lob und Anerkennung zu bemessen.

Diese Abstufungen erwarten sich Kinder sogar, denn ihnen ist durchaus bewusst, dass nicht alle ihre Leistungen grandios sind.

Nach meiner Beobachtung ist es das Lob für Aktionen, bei denen ein Kind seine eigenen Grenzen überschritten hat, das besonders guttut. Es ist doch kaum etwas schwieriger, als sich zu überwinden, etwas zu tun, das man eigentlich sonst nicht tun will.

Besonders lobenswert sind Leistungen, die das Leben anderer berühren: zum Beispiel, sich bei jemandem zu entschuldigen, einzugestehen, einen Fehler gemacht zu haben, jemandem, den man nicht so mag, etwas Freundliches zu sagen oder etwas Gutes zu tun.

Lob für eine große Anstrengung, der Ausdruck von Stolz, weil das Kind etwas geschafft hat, das wirklich eine Herausforderung war: Das gibt Kraft für das Weitermachen und das nächste Mal. Die Herzlichkeit in diesem Stolz kann auch unterstreichen, dass Eltern immer zu ihrem Kind stehen, egal ob das Unternehmen von Erfolg gekrönt war oder nicht.

Ehrlicher Stolz der Eltern gibt Kindern und später Erwachsenen noch etwas anderes. Etwas, das unser Leben um so viel leichter machen kann.

Dazu eine kleine Geschichte, die sich zwischen meiner Mutter und mir abgespielt hat. Meine Mutter war zeitlebens eine Frau, die eher ängstlich war. Vielleicht hängt das auch mit tragischen Ereignissen zusammen, die sie im Zweiten Weltkrieg erlebt hat. (Das Kinderheim, in dem sie gearbeitet hat, wurde zerbombt und viele Kinder und ErzieherInnen starben).

Gespräche mit meiner Mutter waren oft mühsam. Habe ich ihr von neuen Projekten erzählt, kamen immer die Fragen: „Bist du dir sicher? Wird das gut gehen? Musst du nicht vorsichtig sein?"

Ich wollte öfters an die Decke springen.

Übrigens war meine Mutter auch der Meinung, jedes zweite Flugzeug stürzt ab. Daher wollte sie immer, dass ich sie nach jeder Landung anrufe. Da ich beruflich viel unterwegs bin, war das oft anstrengend.

Irgendwann wurde es dann immer schlimmer. Der 80. Geburtstag meiner Mutter lag eine Weile zurück und ihre Sorgen und Ängste wurden immer größer. Sie hat mich ständig angerufen und wollte wissen, was ich in diesem Moment tue und ob alles in Ordnung sei.

Damals habe ich von einem befreundeten Psychiater einen Rat bekommen, der mein Leben und das Leben meiner Mutter völlig verändert und verbessert hat. Der Rat lautete, meiner Mutter folgende Frage zu stellen:

„Hältst du mich für fähig, mein Leben zu leben?"

Als ich sie das nächste Mal getroffen habe und mit ihr zu Abend gegessen habe, habe ich es gewagt und sie gefragt.
  „Hältst du mich für fähig, mein Leben zu leben?"
  „Wieso fragst du so etwas?"
  „Bitte antworte mir einfach."
  „Wieso stellst du eine so komische Frage?"
  „Die Frage ist einfach: Hältst du mich für fähig, mein Leben zu leben? Bitte sag einfach ja oder nein."
  „Wieso willst du das auf einmal wissen?"

So ging das geschlagene 47 Minuten lang. Dann trat eine Pause ein, und schließlich hat meine Mutter meine Hand genommen und gesagt: „Ja, ich halte dich für fähig, dein Leben zu leben."
  In diesem Moment sind alle Geräusche rund um uns verstummt. Wir haben uns angesehen, und es waren Sekunden, die ich nie vergessen werde. Als ich sie später nach Hause gebracht habe, meinte meine Mutter: „Das war heute ein wirklich wichtiges Gespräch."
  Ich erzähle das alles hier nur deshalb, weil sich danach die Beziehung zwischen ihr und mir völlig verändert hat. Sie hat sich weniger Sorgen gemacht und ihre Ängstlichkeit nicht mehr so stark auf mich übertragen. Gespräche zwischen uns waren offener und herzlicher, von meiner Seite mit viel weniger „Schutzmechanismen" gegenüber ihrer Angst verbunden.

Kinder brauchen ihre Eltern an ihrer Seite und ihre Unterstützung und Begleitung. Sie sind noch nicht fähig, ihr eigenes Leben zu meistern.

Trotzdem aber leisten sie so viel in ihren jungen Jahren, und wer Kinder ernst nimmt, sie liebevoll beobachtet und die Größe ihrer Leistung abschätzen kann, der kann ehrliche Anerkennung und Stolz ausdrücken.

Wenn die Leistung eines Kindes nicht so großartig ist, dann steht es Erwachsenen zu, auszudrücken, dass mehr geschafft werden kann.

Aber Achtung: Wieder geht es um das Kind und nicht um die Erwartungen des Erwachsenen, der seine eigenen Vorstellungen und Wünsche auf sein Kind überträgt.

Leistung wird in der Schule mit Punkten und Noten bemessen. Gleichzeitig aber ist die Leistung eines Kindes in vielen Lebensbereichen sehr individuell zu sehen. Aufmerksame Eltern können da meistens am besten abschätzen, was für ihr Kind einen Schritt nach vorne bedeutet.

Ehrlich loben, anerkennen und Mut machen, das gibt Kraft.

WIE WAR DAS BEI IHNEN?

Wurden Sie als Kind genug gelobt?

Wann hätten Sie sich vielleicht mehr Lob von Ihren Eltern erwartet?

Welche Leistungen wurden gerne anerkannt?

Welche weniger, obwohl sie Ihnen groß erschienen sind?

UND HEUTE?

Fühlen Sie sich heute von Ihren Eltern anerkannt?

Sehen Ihre Eltern Sie als fähig, Ihr Leben zu leben und zu gestalten?

BRIEF AN MEIN
KIND VON HEUTE

LIEBE(R) _____ ,

HEUTE MÖCHTE ICH DICH EINMAL VON GANZEM HERZEN LOBEN.

ZUVOR ABER FRAGE ICH MICH, WIE ERLEBST DU EIGENTLICH UNSERE BEZIEHUNG?

LOBE ICH DICH:
···ZU WENIG? ···GERADE GENUG? ···GENUG? ···MEHR ALS GENUG?

_____

WIE EMPFINDEST DU MEIN LOB?

_____

EHRLICH? MANCHMAL OBERFLÄCHLICH? ZU ÜBERSCHWÄNGLICH?

_____

WENN ICH GANZ EHRLICH ZU MIR SELBST BIN, MUSS ICH SAGEN, LOBE ICH DICH:

O IMMER EHRLICH UND GERNE

O MANCHMAL AUCH NUR, UM DIR MUT ZU MACHEN

O MANCHMAL SOGAR, OHNE ES SO ZU MEINEN

ABER HEUTE WILL ICH DICH MIT VOLLER ÜBERZEUGUNG LOBEN. FANGEN WIR AN:

_____

IM KINDERGARTEN ODER IN DER SCHULE MACHST DU SO VIELES SEHR GUT, ZUM
BEISPIEL ···

_____

ZU HAUSE MACHST DU MIR SO VIEL FREUDE, WENN DU ···

_____

GROSSARTIG, WAS DU LEISTEST (IM SPORT, BEIM ZEICHNEN, MUSIKALISCH, BEIM
BALLETT ···)

_____

MIT DEINEN GESCHWISTERN UND/ODER ANDEREN KINDERN BIST DU ···

_____

ZUM ABSCHLUSS EINE FRAGE AN DICH, DIE ICH SELBST BEANTWORTE:
WAS WÜRDEST DU AN MIR LOBEN? LASS MICH ÜBERLEGEN ···

_____

AUF JEDEN FALL BIN ICH STOLZ, DEIN(E)
VATER/MUTTER ZU SEIN.

UNTERSCHRIFT _____

Schafft den Ernst
des Lebens ab

Wenige Worte können die Zukunft strahlen lassen oder mühsam machen.

Was ich nun schreibe, ist mein tiefster Ernst und meine volle Überzeugung:

Erwachsene, die zu einem Schulanfänger sagen, es beginne jetzt der „Ernst des Lebens", sollten in Turnhallen gestellt und von Kindern mit Schaumtorten beworfen werden.

Man glaubt es nicht, aber es gibt solche Erwachsenen noch immer. Vereinzelt wird kleineren Kindern - wenn sie „schlimm" sind - gedroht: „In der Schule wirst du dann endlich brav sein müssen, sonst ..."

Wenn es um die Schule geht, haben Erwachsene die Verpflichtung, Kinder dafür zu begeistern.

Schule ist das Tor ins Abenteuer Leben.

In der Schule bekommen wir die Kenntnisse und die „Ausrüstung", die wir für diese Reise durch das Leben brauchen.

✴ Schule ist anstrengend, das wissen wir alle.

✴ Schule ist manchmal ziemlich unfair, weil LehrerInnen Menschen sind und charakterlich nicht nur top. Ich persönlich war ein guter Schüler, trotzdem habe ich wohl kaum jemals wieder so viel Angst gehabt wie vor manchen Prüfungen. Die Willkür der Fragen war zu groß. Noch fünf Jahre nach meiner Matura (=Abitur) hatte ich Albträume, in Latein antreten zu müssen. Dabei habe ich in Latein gar nicht maturiert.

✶ Schule kann langweilig sein. KlassenkameradInnen können gemein und ätzend sein. Ich habe nie zu den tollen Cliquen gehört, war eher einer der „Streber" und bin auch verspottet worden. (Heute weiß ich allerdings, dass die „Coolen" von damals selten das freudigste Leben als Erwachsene führen. Wieso, kann ich auch nicht erklären, aber viele bestätigen diese Erfahrung.)

✶ Gleichzeitig kann Schule ein Ort sein, an dem man gute FreundInnen kennenlernt. In der Schule können so viele interessante Dinge entdeckt werden.

Fast alle Kinder freuen sich auf den ersten Schultag. Sie lieben die neuen Schulsachen und sind neugierig und gespannt. Erwachsene tun ihnen das Beste, wenn sie Schule immer positiv besetzen, auch aus der eigenen Erinnerung heraus. Mit „positiv besetzen" meine ich, vor allem schöne und fröhliche Erinnerungen zu teilen.

Wenn es um Leistungen in der Schule geht, dann ist Ehrlichkeit angesagt. Nicht nur in Filmen kommt es vor, dass Väter oder Mütter mit den eigenen guten Noten prahlen und sich ihren Kindern als Vorbilder präsentieren, die Kinder aber dann die Zeugnisse der Eltern finden, die eine andere Sprache sprechen.

Erwachsene, die offen und ehrlich über die eigenen Erfahrungen in der Schule sprechen, die guten und auch die weniger guten, können Kinder sehr stärken.

Bei den weniger guten Erfahrungen ist es so wichtig, immer hinzuzufügen, wie man damit umgegangen ist, wie man sie gemeistert hat und wie man die Situation damals ehrlich und menschlich empfunden hat.

Das zeigt Kindern, wenn sie von der Schule etwas gestresst sind: Ich bin nicht allein.

Mut machen, fördern, wo nötig, und Schule immer als das Tor zu einer abenteuerlichen Reise schildern – das hilft Kindern.

Bei jedem Erwachsenen ist es im Berufsleben doch genauso. Oder würden Sie einer Freundin oder einem Freund, bevor er oder sie eine neue Tätigkeit beginnt, sagen: „Jetzt beginnt für dich der Horror deines Lebens. Jetzt wirst du einmal sehen, was Anstrengung ist. Mein Beileid schon jetzt."

Man muss schon sehr verrückt sein, so zu reden. Trotzdem geschieht es immer noch, wenn Kinder in die Schule kommen.

Wenn Schule Kinder für das Leben begeistern soll, dann gilt es aber, eine Sichtweise zu beachten, die ich auch erst vor einiger Zeit kennengelernt habe: Es ist besser, vorhandene Stärken zu stärken, statt Schwächen krampfhaft auszugleichen (sehr gut nachzulesen bei Markus Hengstschläger im Buch *Die Durchschnitts-Falle*).

Damit ist gemeint, dass es die Stärken von Kindern sind, die sie später einmal weiterbringen werden. Derzeit ist es oft so, dass Kinder zum Lernen vor allem in den Fächern angehalten werden, in denen sie nicht so gut sind. Hier bekommen sie viel Unterstützung. Die wenigsten Eltern aber kommen auf die Idee, den Erfolg ihrer Kinder in den starken Fächern noch zu unterstützen und zu fördern und die Talente auszubauen.

Später einmal, wenn es zur Berufswahl kommt, werden vor allem diese besonderen Fähigkeiten eines Kindes maßgeblich und richtungsweisend sein.

Um Missverständnisse zu vermeiden: Ich sage damit nicht, dass es immer ausreicht, irgendwie gerade so in der Schule durchzukommen. Was ich meine, ist die Gewichtung der Förderung und Unterstützung: Braucht ein Kind in einem Fach Hilfe, ist es wirklich sehr schwach, so soll es diese natürlich bekommen. Aber mindestens ebenso wichtig ist es, Kindern in den Bereichen Möglichkeiten und Förderung zu verschaffen, die ihnen von selbst Spaß machen und leichtfallen. Einen Bücherwurm, der schwach in Mathematik ist, damit zu bestrafen, dass man ihm seinen Lesestoff wegnimmt und ihn nur noch zur Mathe-Nachhilfe einteilt, wird nicht zielführend sein. Weder kurzfristig noch im Hinblick auf sein späteres Leben und seine Berufswahl.

Schule fühlt sich wie ewige Mühsal an,
wenn es immer nur darum geht, zu stützen
und nicht die Freude an den Stärken und den
Lieblingsfächern zu fördern und auszubauen.

LehrerInnen können großartig sein. Sie können aber auch eine Qual sein. In meinem eigenen Schulleben hatte ich LehrerInnen, die uns wirklich für das Leben begeistert haben. Meiner Englischprofessorin möchte ich ein Denkmal setzen, weil sie mit uns das *Time Magazine* gelesen und uns die Augen für die Vielfalt der Welt geöffnet hat.

Von dieser Professorin gibt es eine Anekdote, die nicht bewiesen ist, sie aber trotzdem großartig beschreibt. Ein Schüler muss ihre Telefonnummer herausgefunden haben. Er rief sie am Abend an, und mit verstellter Stimme hauchte er zum Gaudium seiner Freunde, die bei ihm im Zimmer waren: „Frau Professor, ich liebe Sie."

Meine wunderbare Englischprofessorin hat völlig gelassen geantwortet: „Wirklich? Vergiss es!" und hat aufgelegt.

Das ist menschliche Größe.

Mein Deutsch- und Sportprofessor hingegen hat sich meiner Mutter gegenüber zu der Aussage hinreißen lassen, dass Schreiben nicht gerade meine Stärke sei und ich, was Sport angeht, einfach untalentiert sei.

Na wunderbar! Meine Lust am Schreiben hat er damit nicht gefördert und die an der Bewegung schon gar nicht. Die Auswahl an Büchern, zu denen er uns verdonnert hat, hat selbst meine enorme Lesefreude stark abgekühlt.

Michael Kohlhaas mag in der Literaturgeschichte bedeutend sein, das Leben eines 15-Jährigen berührt er aber wenig. Ich weiß auch nicht, wie wichtig es ist, Althochdeutsch zu lernen und Gedichte, die vor 500 Jahren geschrieben wurden, im Original lesen zu können.

Im Englischunterricht hingegen haben wir sogar vereinfachte *James-Bond*-Geschichten gelesen und waren begeistert.

Jeder Mensch, der Artikel schreibt oder Berichte für Hörfunk, Fernsehen oder Internet macht, lernt: Du musst deine Empfänger innerhalb der ersten Zeilen oder Sekunden fesseln.

Trotzdem aber wird Kindern in der Schule noch immer beigebracht, dass ein Aufsatz aus Einleitung, Hauptteil und Schluss besteht.

Kreatives Schreiben, frei von der Leber weg, ohne große Bedeutung von Rechtschreibung und Beistrichen, findet viel zu wenig statt. In meinem Schulleben hatte ich es vor allem mit FehlerjägerInnen als LehrerInnen zu tun. Kreativität und Ausdruck wurde wenig Bedeutung beigemessen.

Die Freude, vor anderen zu stehen und zu reden, wurde in meinen Schultagen viel zu wenig gefördert. Referate und Redeübungen waren Pflichtveranstaltungen, die eher weniger als mehr Begeisterung bei den RednerInnen und ZuhörerInnen ausgelöst haben.

Schade, kann ich aus heutiger Sicht nur sagen. Wann immer ich nur kann, ermutige ich Kinder, mit Lust zu schreiben und sich auszudrücken. LehrerInnen ersuche ich stets, alle Versuche ihrer Schützlinge zu unterstützen und sehr bewusst Begeisterung für Sprache zu fördern.

Schule sollte für Kinder immer positiv besetzt sein. Es hilft einfach nicht, wenn LehrerInnen von Eltern als IdiotInnen bezeichnet werden. Auch wenn manche LehrerInnen heftiges Augenrollen auslösen, ist es für Kinder besser, wenn Erwachsene sich nicht abfällig über sie äußern. Der Konflikt wird dadurch nur größer.

Größte Vorsicht ist immer geboten, wenn jüngere Kinder zuhören. Sie schnappen vieles auf, das sich belastend in ihnen ablagern kann.

Vor vielen Jahren wurden Vierjährige in einer Untersuchung befragt, was sie über die Arbeit ihrer Eltern wüssten. Die am meisten genannte Antwort lautete:

Der Chef ist ein Trottel!

Natürlich wissen sie auch manch anderes, Positiveres, aber trotzdem zeigt das, wie viel Negatives von Erwachsenen gesprochen wird und wie sehr es bei Kindern hängen bleibt.

Auch wenn es um Arbeit und Beruf geht, tut man Kindern das Beste, wenn sie von Erwachsenen rund um sich Begeisterung spüren und erleben.

Berufliche Tätigkeiten sollten nie als „Ernst des Lebens" bezeichnet werden. Jedes Kind, das miterlebt, wie seine Eltern Freude am Beruf haben, wird sich in späteren Jahren so viel leichter tun. Eltern, die ihren Kindern zeigen, was sie beruflich tun, bauen eine stärkere Verbindung auf.

Einzugestehen, dass Arbeitstage anstrengend sind, gehört natürlich genauso dazu. Eltern sind Menschen und manchmal müde, Kinder, die Einblick in den Berufsalltag der Eltern haben, verstehen das auch besser.

Auch ist es ein Unterschied, ob Kinder in berufliche Probleme oder Entscheidungen der Eltern auf eine Weise einbezogen werden, die sie überfordert, oder ob sie gesagt bekommen, dass die Eltern damit zur Zeit einfach sehr beschäftigt und deshalb vielleicht ein wenig abwesend sind, ihr Kind aber trotzdem lieb haben.

Kinder verbringen zwischen 1.800 und 2.600
Tage ihres Lebens in der Schule.

Ein Erwachsener arbeitet etwa 10.000 Tage seines Lebens. Wenn man annimmt, dass ein durchschnittliches Leben 28.000 Tage hat, nehmen Schule und Beruf fast die Hälfte davon ein.

Weder Schule noch Beruf sind immer lustig und einfach. In beiden gibt es schwere Zeiten, Rückschläge, Enttäuschungen. Trotzdem liegt es an uns, diese Zeit freudig und erfüllt zu gestalten.

Erwachsene können Kinder wie Coaches durch die Schulzeit begleiten. Training mit einem Coach ist nicht immer angenehm, seine Tipps sind nicht immer ein Honiglecken. Ein guter Coach aber unterstützt seinen Schützling, um ihn zu Spitzenleistungen anzuleiten. Jeder Sportcoach wird dem Sportler oder der Sportlerin versichern, dass er oder sie viel schaffen kann, und wird versuchen, das Beste herauszuholen.

Für das Leben zu begeistern bedeutet, Kindern ein
mutiges Bild zu vermitteln, zu zeigen, dass Schwierigkeiten
gemeistert werden können und dass Schule und Beruf
Lebensfreude bringen können.

Immer? Nein. Aber ständig Schokolade zu essen würde das auch nicht tun.

WIE WAR DAS BEI MIR?

ZEUGNIS FÜR MEINE SCHULZEIT

Gesamtnote für die Qualität meiner Schulzeit

Note für meine Grundschulzeit (Volksschule)

Note für meine Schulzeit danach

Meine schönste Erinnerung:

Meine schrecklichste Erinnerung:

LieblingslehrerIn:

Albtraum-LehrerIn:

Was waren meine Stärken:

Was ist mir besonders schwergefallen:

Was habe ich aus der Schule mitgenommen, das heute für mich wichtig ist:

Was hätte ich damals besser lernen sollen:

Was wäre nötig gewesen, damit ich die Schule besser gefunden hätte:

Wie sind meine Eltern zur Schule gestanden?

BRIEF AN DEN ERWACHSENEN,
DER MEIN KIND EINMAL SEIN WIRD

LIEBE(R) _____ ,

HEUTE SCHREIBE ICH EINEN BERICHT ÜBER DEINE SCHULZEIT UND WIE DU DIE
SCHULE SO ERLEBST.

ICH KANN MIR GUT VORSTELLEN, DU WÜRDEST
DEINER ZEIT IN DER SCHULE FOLGENDE NOTEN GEBEN:

FREUDE AM LERNEN

HAUSAUFGABEN MACHEN

WIE DU PRÜFUNGEN UND SCHULARBEITEN SIEHST

DEINE LEHRERINNEN

DEINE KLASSE

DEINE KLASSENKAMERADEN

WAS DEINE SCHULE ZU BIETEN HAT

DEIN SCHULWEG

DEIN BESTES ERLEBNIS MIT DER SCHULE BISHER WAR ···

_____

DEIN SCHLIMMSTES ERLEBNIS MIT DER SCHULE WAR BISHER ···

_____

DEIN(E) LIEBLINGSLEHRERIN:

_____

WELCHES FACH WÜRDEST DU GERNE ABSCHAFFEN?

_____

WELCHES FACH KÖNNTEST DU RUHIG ÖFTER HABEN?

_____

WAS MACHT DIR ANGST, WENN DU AN SCHULE DENKST?

_____

WO KANN ICH DICH MEHR UNTERSTÜTZEN?

_____

AUF JEDEN FALL WIRST DU DIE SCHULZEIT SCHAFFEN. ICH HABE SIE AUCH
GESCHAFFT. MILLIONEN LEUTE VOR DIR.

WIR HALTEN ZUSAMMEN!
DEIN(E) MAMA/PAPA

Belegte Brote sind wichtiger als Omas Begräbnis

Kinder für das Leben zu begeistern, bedeutet, dem Tod den Schrecken zu nehmen.

Als meine Großmutter starb, war ich knapp sechs Jahre alt. Was ihr Tod bedeutete, habe ich damals – soweit ich mich erinnere – nicht ganz verstanden. Dazu muss ich auch sagen, dass ich sie vor allem als eine Frau kannte, die ausgezeichnete Mehlspeisen backen konnte, sonst aber immer etwas vorwurfsvoll war.

Nach dem Begräbnis sollten Verwandte und Freunde zu uns zu einem kleinen Beisammensein kommen. Sehr gut in Erinnerung sind mir die Brötchen, die meine Mutter dazu in einer noblen Bäckerei in Wien bestellt hat. Ins Auge stachen mir vor allem Brötchen mit gegrilltem Huhn, etwas Salat und einem Klacks Mayonnaise, überzogen mit klarem Aspik. Ich durfte eines kosten und war begeistert.

Es war das erste Begräbnis, an dem ich teilnahm, und heute noch sehe ich die traurigen Gesichter vor mir, von denen mir manche etwas aufgesetzt vorkamen. Blumen waren rund um den Sarg angeordnet, und ich konnte mir nicht vorstellen, dass dort drinnen meine Oma lag.

Meine Gedanken waren vor allem bei den belegten Brötchen, und die Frage, die ich mir stellte, während wir dem Sarg über den Friedhof zum offenen Grab folgten, war, welches ich als nächstes kosten sollte.

Für mich war die ganze Angelegenheit eine willkommene Abwechslung vom Alltag in der Familie. Mir gefiel der Besuch der vielen Menschen. Deshalb aber würde ich mich heute im Rückblick weder als herzlos, noch als gefühlsarm oder dumm bezeichnen.

Ich konnte als Kind damals einfach nicht
einordnen, was der Tod bedeutete.

Was ich aber spürte war die Niedergeschlagenheit meines Vaters. Es war seine Mutter gewesen und er machte sich Vorwürfe, wieso er sie als Arzt nicht retten hatte können. Seine Mutter hatte ihm immer leichte Schuldgefühle gemacht und tat es sogar über den Tod hinaus.

Die Trauer meines Vaters, seine Depression der nächsten Wochen hat mich dazu veranlasst, ihm viele Fragen zu stellen. Ich dachte damals wohl, es täte ihm gut, über meine tote Großmutter zu reden. Mich interessierte, was sie nun im Sarg tat. Was geschah dort mit ihr?

Geduldig hat mir mein Vater den Vorgang der Verwesung erklärt. Meine Mutter wollte mich zum Schweigen bringen, aber mein Vater hat alle meine Fragen beantwortet. Zum Beispiel, ob die Oma nun schon ein Skelett war oder was sonst noch von ihr übrig blieb.

Danke, lieber Vati, denn heute weiß ich, wie viel Schrecken du dem Tod damit für mich genommen hast. In der folgenden Zeit bin ich mit meinem Vater gerne zum Grab meiner Großmutter gegangen. Wir haben nicht nur Blumen gebracht und eine Kerze angezündet, er hat mir bei dieser Gelegenheit auch immer von seiner Kindheit erzählt und Erinnerungen an seine Mutter geteilt. Es war eine sehr intime Zeit zwischen uns.

Außerdem ist mein Vater mit mir über den Friedhof gegangen und hat mir besonders schöne alte Grabsteine sowie die Gräber bekannter Persönlichkeiten gezeigt. Friedhöfe sind für mich bis heute friedliche Orte der Ruhe und der Besinnung auf das Leben.

Die Themen Tod und Abschied habe ich als Kind besonders nahe und traurig erlebt, wenn eines unserer Haustiere gestorben ist.

Schnurrli, der Kater, den wir als Baby auf der Straße gefunden haben, mein Goldhamster Benni oder mein Kaninchen Björn. Sie wurden im Garten ehrenvoll beerdigt, und da sie auf einmal nicht mehr in meinem Zimmer und Teil meines Tages waren, habe ich den Schmerz des Verlustes und die Wichtigkeit von Trauer kennengelernt.

Nun kann man natürlich tadeln, dass mir all das beim Tod meiner Großmutter hätte klarwerden müssen. Vielleicht, aber Kinder erleben und sehen einfach anders. Da meine Haustiere ein viel präsenterer Bestandteil meines

Lebens waren und ich für sie gesorgt hatte, war die Verbindung eine andere, vielleicht sogar engere. Deshalb habe ich auch ihr Ableben intensiver wahrgenommen.

Wie Kinder dem Tod begegnen, habe ich in meinem Erwachsenenleben besonders kennengelernt, als ich mit krebskranken Mädchen und Jungen in Kontakt kam.

Die Nichte eines Freundes von mir ist an einem bösartigen Tumor erkrankt, und die Prognose stand sehr schlecht. Er hat sich, gemeinsam mit den Eltern, Tag und Nacht um sie gekümmert. Von ihm habe ich auch erfahren, dass dem Mädchen durchaus bewusst war, dass es sterben würde.

Mein Freund, nennen wir ihn Joachim, hat ihr gegenüber nie Mitleid gezeigt und niemals Trauer. Er hat auch klare Linien gezogen und sich von seiner Nichte nicht terrorisieren lassen. Zeitweise hätte sie ihn gerne herumkommandiert, aber er hat ihr das verweigert.

Die Folge war nicht etwa Ablehnung, Zorn oder Schmollen ihrerseits, sondern das genaue Gegenteil: Sie hat sich besser und sicherer gefühlt, weil er Grenzen gezogen hat. Grenzen sind Kindern vertraut und wichtig.

Die Nichte, ich nenne sie hier Patricia, hat sich gewünscht, dass ich sie besuche. Das war in einer Zeit, als meine ersten Bücher bereits erfolgreich waren und ich Kindern aus Fernsehsendungen bekannt war. Also traf ich nicht nur Patricia auf der Abteilung für Onkologie, sondern auch andere Kinder.

Ich habe mich vor dieser Begegnung gefürchtet, aber damals viel gelernt: Manche dieser Kinder waren sehr ernst und wirkten für ihre Jugend sehr alt. Ein zehnjähriger Junge nahm mich zur Seite und sagte zu mir: „Kannst du meiner Mama bitte sagen, sie soll nicht so viel weinen. Es ist so schlimm, wenn sie sich so viele Sorgen macht. Mir geht es hier doch gut und ich habe nur einen Tumor. Das Mädchen im Nebenzimmer hat drei.“

Diese Offenheit hat mich verblüfft, und mir ist damals klar geworden, wie wichtig das Zuhören ist. Nicht kommentieren. Kein: „Aber das ist doch gar nicht so.“ Einfach nur ernst nehmen.

Als Patricia starb, war die erste Frage ihres jüngeren Bruders: „Kann ich jetzt ihr Zimmer haben?“

Wieder steht es für mein Dafürhalten niemandem zu, das zu kritisieren oder als gefühllos zu bezeichnen. Es war die Art, wie der Bruder damit umgegangen ist. Er hat erst später immer wieder nach seiner Schwester gefragt und wo sie nun hingegangen sei. Es hat lange gedauert, bis die Familie den Verlust einigermaßen verarbeitet hatte. Soviel ich weiß, haben sie damals die Hilfe einer Therapeutin in Anspruch genommen.

Es gibt kaum etwas Schrecklicheres, als ein Kind zu verlieren. Die Besuche auf Krebsstationen für Kinder haben heute für mich keinen Schrecken mehr, weil ich weiß, auf welch ungeheure Art und Weise sich die Kraft, die innere Weisheit und die erwachsene Seele von Kindern in diesen Extremsituationen zeigen.

Wenn es nun aber um den Tod von Menschen und auch Tieren geht, die Kindern nahestehen, dann finde ich es ungeheuer wichtig, Kinder liebevoll und ohne viele Belehrungen zu begleiten.

Sie vertragen die Wahrheit, wenn man sie ihnen ehrlich und behutsam sagt. Sie verdienen es, dass wir ihre Fragen so gut wir nur können beantworten. Es ist für sie – meiner Beobachtung nach – viel einfacher, zu erfahren, dass wir selbst trauern und uns der Verlust wehtut, als wenn wir Gefühle verbergen.

Kinder fühlen sich oft schuldig für die Stimmung von Eltern, vor allem, wenn sie nicht genau wissen, was mit ihnen los ist.

Was ich nicht meine, ist, Kinder zu überfordern und zu überfrachten. Knappe Antworten auf ihre Fragen zum Thema Tod reichen aus. Wollen sie mehr wissen, dann werden sie das sagen.

Wir schenken ihnen viel, wenn wir hinhören, ohne zu werten. Das bedeutet, zu versuchen, wirklich zu verstehen, was sie wissen wollen, und ihnen nicht nur das zu erklären, was wir für wichtig halten.

Kinder, denen man das Schweigen über den Tod erspart, für die er Teil des Lebens ist, sind mit größter Wahrscheinlichkeit beruhigter.

Gleichzeitig aber können die Reaktionen von Kindern auf den Tod eines Menschen unerwartet und in den Ohren von Erwachsenen seltsam ausfallen. Wer dann die Ruhe bewahrt und nicht sofort verbessert und belehrt, der macht Kindern ein großes Geschenk.

WIE WAR DAS DAMALS IN MEINER KINDHEIT?

Habe ich liebe Menschen oder Haustiere verloren? Wenn ja, wer war es?

Wie bin ich damit umgegangen?

Wie lange hat die Trauer gedauert?

Hat mir damals jemand bei diesem Verlust geholfen?

Wenn ja, wer war es und wie hat die Hilfe ausgesehen?..

Wie fühle ich mich heute, wenn ich mich an diese Verluste erinnere?

BRIEF AN MEIN KIND

LIEBE(R) _____ ,

HEUTE DENKE ICH NACH, INDEM ICH DIR SCHREIBE:

WIE KANN ICH DIR SAGEN, WIE ES IST, WENN EIN LIEBER MENSCH STIRBT?

_____

WELCHE WORTE KANN ICH FINDEN?

_____

WIE KANN ICH DIR ERKLÄREN, WAS TOD BEDEUTET?

_____

WIE KANN ICH DEINE FRAGE BEANTWORTEN, WO DER MENSCH ODER AUCH DAS HAUSTIER NUN IST?

_____

WILL ICH DIR VOM LIEBEN GOTT ERZÄHLEN, VOM HIMMEL, IN DEN VERSTORBENE KOMMEN?

_____

WELCHE FRAGEN HAST DU MIR GESTELLT, DIE MICH IN VERLEGENHEIT GEBRACHT HABEN?

_____

WIRST DU BEI EINEM BEGRÄBNIS DABEI SEIN? SOLL ICH MIT DIR AUF DEN
FRIEDHOF GEHEN?

_____

WAS TUE ICH, WENN DU WEINST, ÜBER DEN TOD EINES MENSCHEN ODER EINES
TIERES, DER/DAS DIR LIEB IST?

_____

WENN WIR MENSCHEN ODER TIERE VERLIEREN, DIE IN UNSEREM LEBEN
EINEN WICHTIGEN PLATZ EINGENOMMEN HABEN, DANN WERDEN WIR ZWEI
MITEINANDER TRAUERN.

WIR WERDEN DEM MENSCHEN ODER DEM TIER EIN LIEBES ANDENKEN SETZEN.
WIR WERDEN DARÜBER REDEN, UND ICH VERSPRECHE DIR, ICH ERZÄHLE DIR VON
MEINER TRAURIGKEIT, DAMIT DU NIE DENKST, ES WÄRE DEINE SCHULD.

IN LIEBE _____

Kinder für das Leben begeistern

Verlocken
und begeistern

Vieles ist möglich,
wenn es genug Anreiz gibt.

Wieso Eltern auf einmal beim Wandern zu langsam sind...
Als Kind habe ich Spaziergänge nicht ausstehen können.
Wanderungen waren mir ein Gräuel. Meine Eltern haben
diese Formen von Bewegung aber für wichtig gehalten und
selbst gerne gemacht. Wir Kinder mussten mit.

Dass ich viele dieser Ausflüge trotzdem in guter Erinnerung habe, hat mit meiner Mutter zu tun. Sie wusste von
meiner Vorliebe, mir wilde Geschichten auszudenken. Daher hat sie, während wir gegangen sind, immer wieder ir-
gendwohin zwischen die Bäume gezeigt und mir geheim-
nisvoll von versteckten Burgen, Schlössern, Waldwesen
und Elfen erzählt. Daraufhin habe ich ständig danach Aus-
schau gehalten und bin sogar freiwillig Umwege gelaufen,
um vielleicht wirklich einen Blick darauf erhaschen zu
können.

War ich sehr enttäuscht, dass es nie geklappt hat?
Ehrlich gesagt nicht. Der Nervenkitzel, es könnte doch
geschehen, war mir wichtiger. Ich wollte gar nicht die nüch-
terne Wahrheit erfahren, dass meine Mutter das alles nur
erfunden hatte. Jeder Spaziergang wurde in meinem Kopf
zum möglichen Abenteuer.

Diese Erinnerung ist geblieben.

Vor vielen Jahren kam der Tourismusdirektor einer wunderbaren Bergregion in Tirol zu mir und hat mir die Frage gestellt, wie man Familien für das Wandern begeistern könnte. Er hatte dieselben Abneigungen als Kind gehabt wie ich. Nun war die Gegend aber für ihre Wanderwege berühmt, der Tourismus wurde immer mehr an die Bedürfnisse von Familien angepasst, die aber beschwerten sich, ihren Kindern keinen Anreiz zum Wandern bieten zu können.

Mir sind die Geschichten meiner Mutter eingefallen und all die Geheimnisse, die ich zwischen den Bäumen vermutet hatte. Das war die Grundidee für die drei Abenteuerwanderwege, die ich in den Tiroler Bergen einrichten durfte. Nun sind die geheimnisvollen Objekte und Wesen Wirklichkeit geworden. Es gibt einen Hexenweg, einen Piratenweg und einen Forscherpfad.

Im Sommer 2017 wurden die Wege alle renoviert und stark ausgebaut. Es gibt kleine Bücher, die zu den Wegen Geschichten erzählen und in denen Rätsel gelöst werden müssen. Auch eine App kann genutzt werden, um die Wege noch vielfältiger zu erleben. Die wandernden Familien erwarten ein Piratenschiff auf 1.800 Meter Höhe, ein Haus, das auf dem Kopf steht, riesige Blumen und Pilze sowie viele andere fantastische Überraschungen.

Allerdings gibt es noch immer die Rufe: „Komm doch endlich!", „Geht es ein bisschen schneller?" und „Wo bleibt ihr denn?"

Es sind aber nicht mehr die Eltern, die ihre Kinder rufen,
weil sie so langsam gehen, sondern die Kinder, die schneller
vorankommen wollen, um alles zu entdecken.

Natürlich ist der Aufwand, den die Region Serfaus-Fiss-La-
dis betreibt, groß. Jeder Weg muss jeden Tag abgegangen
und gewartet werden. Aber Familien und ganz besonders
Kinder sind auf einmal für das Wandern zu begeistern. Sie
kommen wegen der Wanderwege sogar immer wieder und
gehen sie mehrere Male.

Bingo!

Wieso Kochen manchmal zum Fest werden soll...

Ein Begriff, der verboten werden sollte, lautet „gesunde Ernährung". Ernährung sollte doch, genauso wie das Lesen,
Freude machen. Erwachsene essen auch nichts, das ihnen
nicht schmeckt. Wenn sie bewusst essen, wählen sie natürlich Speisen aus, die ihre Ansprüche erfüllen. Das kann die
Menge an Kalorien sein, die Herkunft der Zutaten, Fleisch-
verzicht, veganes Essen, kohlehydratarme Kost et cetera.

Aber mit dem Etikett „gesund" im Gegensatz zu
„schmeckt gut" erreichen wir bei Kindern nur, dass sie
keine Lust darauf haben, etwas zu probieren.

Das Übergewicht vieler Kinder macht zu Recht große Sorgen. Jungen Gelenken und Knochen tut es nicht gut, wenn

sie zu viel tragen müssen. Dicke Kinder werden eher AußenseiterInnen oder Ziel von Spott, und die gesundheitlichen Folgen für ihr späteres Leben können beträchtlich sein.

Ohne Diskussion ist ein Zuviel an Zucker ungesund, und zu viel Fast Food bringt einfach zu wenige Vitamine und Nährstoffe, die wichtig wären (auch wenn es manchmal einfach schmeckt).

Das alles ist bekannt.

An dieser Stelle muss ich gestehen, dass ich ein rundliches Kind war. Ich hatte eine Schwäche für Schokolade und Kuchen, am liebsten mit viel Creme. Es war mir nicht egal, rundlich zu sein, da ich verspottet und ausgeschlossen wurde. Bis heute ist das ein Trauma, und auch heute noch fühle ich mich manchmal zu dick, auch wenn ich das sicher nicht bin und einen Body-Mass-Index von knapp 20 habe (19-25 gilt als normal).

Wieder aber wird über die Ernährung von Kindern viel zu viel gejammert und geklagt. Sündenböcke und das „Böse" unter den Nahrungsmitteln sind schnell gefunden und bestimmt. Alles wäre viel leichter, wenn man Fast Food, Eis, Zucker, Schokolade und Kuchen verbieten könnte.

Gelegenheit macht Diebe, eine Einschränkung von zuckerhaltigen Limos und Schokoriegeln, die an Schulen verkauft werden, ergibt daher durchaus Sinn. Aber gleichzeitig war selbst ein Starkoch wie Jamie Oliver nicht besonders erfolgreich, als er die Schulmahlzeiten „gesund" machen wollte. Die SchülerInnen haben sie einfach nicht gegessen und nach fettigeren und süßeren Sachen verlangt.

Verbieten wird also nicht viel bringen.

Speisen, die nicht schmecken, will niemand essen, egal in
welchem Lebensalter. Gleichzeitig aber ist bekannt, dass der
Geschmackssinn von Kindern durch schlechte und einseitige
Ernährung verkümmert und sie manche Nahrungsmittel
ablehnen, obwohl sie noch nie davon gekostet haben.

Nun kommt aber die Beispielwirkung ins Spiel. Erwachsene können von Kindern nicht Verhalten verlangen, das sie selbst nicht an den Tag legen. Das bedeutet, die Ernährungsgewohnheiten von Kindern orientieren sich oft an den Gewohnheiten der Erwachsenen rund um sie.

Dabei geht es nicht nur um Süßigkeiten. Wenn Kinder mitbekommen, dass Alkohol nicht gerade gesund ist, Erwachsene ihn aber großzügig konsumieren und offenbar keine Nachwirkungen haben, dann legen sie das auch auf andere Nahrungsmittel um, die mit dem Etikett „ungesund" versehen sind.

In allen Familien, wo ausgewogene Ernährung ohne großes
Drama möglich ist, habe ich etwas beobachtet:
Kinder sind immer wieder in die Zubereitung der
Mahlzeiten einbezogen.

Auch wenn das im Stress des Alltags nicht immer möglich ist, dürfen sie zumindest am Wochenende mitkochen. Überhaupt wird ihnen Verschiedenes angeboten. Oft dürfen sie selbst unter drei Speisen, die in die Kategorie „gesund" fallen, auswählen und haben das Gefühl, es wird ihnen nicht einfach etwas vorgesetzt.

Besonders anregend finde ich Familien-Kochfeste. Die Familie wählt ein Thema, und dazu wird dann gemeinsam gekocht. Themen können sein: Essensurlaub in Griechenland oder Italien, Essen aus den USA, Alles in Rot, Geburtstag einmal anders, In einer Mahlzeit um die Welt, Essen wie im Schloss, Ritteressen. Rezepte und Ideen gibt es dazu jede Menge in Büchern und im Internet.

Der gemeinsame Spaß beginnt am besten schon beim Einkaufen. Einfach eine Liste schreiben, und dann sucht die ganze Familie die Zutaten.

Ein Kochfest wird zum Genussfest,
bei dem Kinder für neue Gerichte begeistert
werden, wenn alle Geschmäcker und
Gerüche gemeinsam ausprobiert werden.

Klarerweise ist Dienstag in einer hektischen Woche kein guter Zeitpunkt für so ein Fest. Es muss schon ein Wochenende oder ein Tag im Urlaub sein.

Dazu gehört: Einkaufen und zu Hause alles auspacken und riechen und die Kräuter schmecken. Freude am Neuen. Aber genauso: sich schütteln dürfen, wenn etwas bitter oder eben ungewohnt schmeckt. Mut, etwas auszuprobieren und Offenheit für Geschmäcker, das ist das Thema.

Besonders viel Freude macht so ein Kochfest, wenn alle Gerichte auch noch dem Thema gemäß dekoriert werden. Aber wieso nur die Gerichte? Am besten auch gleich der Tisch und das Esszimmer.

Gemeinsam vorbereiten und zubereiten und Kinder mitmachen lassen, wo es möglich ist. Kein Zwang, sondern einfach Freude am gemeinsamen Kochen. Der Spaß der Erwachsenen überträgt sich auf die Kinder. Statt: „Da, riech daran. Das musst du kosten", lieber selbst an allem riechen und schmecken und Kommentare abgeben, damit die Kinder neugierig werden und selbst Neues ausprobieren wollen.

Anbieten und möglich machen, aber nicht enttäuscht
sein, wenn nicht alles auf große Begeisterung stößt -
das ist das Motto solcher Kochfeste.

Die Freude daran muss ganz besonders bei den Erwachsenen liegen, denn sie sollen selbstverständlich auch eine wunderbare Zeit und ein gutes Essen haben. Der Spaß soll sich übertragen und anstecken, denn so ist es möglich, Kinder für die Vielfalt von Speisen und Zutaten zu begeistern.

Bitte aber an eines denken: Experten sagen immer wieder, dass Kinder bedeutend mehr schmecken als wir. Besonders Geschmacksrichtungen wie „bitter". Mit Rucola macht man Kinder also ziemlich sicher nicht zu Salatliebhabern.

Begeistern, möglich machen, Zutritt schaffen.
Das gilt auch für die Kunst.

In vielen Museen werden Kinderführungen angeboten, und immer wieder ist zu beobachten, dass Erwachsene sie auch sehr genießen. Der Grund dafür ist der Vortrag der MuseumspädagogInnen. In diesem Fall sind Kinder wirklich ein sehr spezielles Publikum, dem Kunstgeschichte und Jahreszahlen herzlich egal sind.

Gute Führungen für Kinder halten sich nicht mit Jahreszahlen, Stilrichtungen und theoretischen Abhandlungen auf, sondern konzentrieren sich auf den Menschen, der der Maler oder die Malerin war, und wieso er oder sie in der Lage war, diese Gemälde zu schaffen. Sie beschreiben den Stil und regen Kinder an, selbst einmal so zu zeichnen, zu malen oder Collagen zu machen. Es geht um die Geschichte hinter dem Bild, und nicht um die Theorie.

Eine Geschichte berührt und bildet eine Verbindung zur Welt der Kinder.

Theorie spricht nur das Hirn an, die Erzählung
aber das Herz und die Gefühle.

Eltern, die staunen, werden gerade jüngere Kinder dazu verführen, ebenfalls zu staunen. Der Drang, nachzuahmen, ist bei Kindern groß und kann oft für einen freudigen Zugang genutzt werden.

WER UND WAS HAT MICH
ALS KIND BEGEISTERT?

Wenn ich Dankesbriefe an Leute schreibe, die mich als Kind für etwas begeistert haben, können sie so lauten:

LIEBE(R)_____,
VIELEN DANK, DASS DU MIR _____
GEZEIGT HAST.

LIEBE(R)_____,
VIELEN DANK, DASS DU MICH MIT DEINER BEGEISTERUNG FÜR _____
ANGESTECKT HAST.

LIEBE(R)_____,
VIELEN DANK, DASS DU MIT MIR _____
UNTERNOMMEN HAST. ES WAR FÜR MICH EIN GROSSES ERLEBNIS.

LIEBE(R)_____,
VIELEN DANK, DASS DU MICH MITGENOMMEN HAST, UM_____
BIS HEUTE MAG ICH _____

BRIEF AN MEIN KIND

LIEBE(R)_____,

HEUTE SCHON MÖCHTE ICH DIR GERNE LUST DARAUF MACHEN, WAS WIR ALLES
GEMEINSAM IN DEN NÄCHSTEN WOCHEN, MONATEN UND JAHREN UNTERNEHMEN
KÖNNEN UND WERDEN.

FANGEN WIR MIT DEM ESSEN AN. DEINE LIEBLINGSSPEISEN SIND ···

_____

ABER WAS HÄLTST DU VON DIESEM KOCHFEST, DAS WIR ZUSAMMEN STEIGEN
LASSEN KÖNNEN?

TITEL: _____

VORSPEISE: _____

HAUPTSPEISE: _____

NACHSPEISE: _____

WIR LADEN DAZU EIN: _____

ICH MÖCHTE DICH GERNE FÜR MUSIK BEGEISTERN. ICH WERDE MUSIK EINFACH
SPIELEN, OHNE DICH ZU NERVEN. WIR KÖNNTEN GEMEINSAM EIN MUSIKERLEBNIS
AUSPROBIEREN, DAS VIELLEICHT NICHT NUR FÜR DICH NEU IST.

SO EIN MUSIKERLEBNIS WÄRE:

IN MUSEEN WILL ICH MIT DIR GERNE GEHEN.
EIN MUSEUM, DAS DIR SICHER GUT GEFÄLLT:

EIN MUSEUM, DAS WIR AUSPROBIEREN WIE EINE EXPEDITION:

ETWAS, DAS MIR PERSÖNLICH SEHR VIEL FREUDE BEREITET, IST ···

DAS WÜRDE ICH GERNE EINMAL MIT DIR GEMEINSAM MACHEN. ZUM
AUSPROBIEREN:

DAS LEBEN IST EIN ABENTEUER, UND ES GIBT SO VIELES, FÜR DAS ICH DICH
BEGEISTERN MÖCHTE.

JETZT EINFACH LOS!
DEIN(E)
MAMA/PAPA

Cool sein, dazugehören oder Mut haben?

Was begeistert am meisten für das Leben?

Natürlich ist es für Eltern manchmal ein Schock, wenn die eigenen Kinder plötzlich anders als die anderen sind. Das ist mehr als verständlich. Meinem Freund Alfi ist es passiert, und ich bewundere, wie er und seine Frau damit umgegangen sind. Bestimmt hat geholfen, dass Alfi erfolgreicher Rockmusiker war und selbst immer andere Wege gewählt hat.

Sein Sohn Ole hat mit sieben Jahren erklärt, dass er die Röcke seiner Schwester tragen will. Er war nur bereit, im langen Rock in die Schule zu gehen.

„Du wirst ausgelacht werden", haben ihn die Eltern gewarnt.

Ole war es völlig egal.

„Du bist doch kein Mädchen", hat seine Oma gemeint.

„Schotten tragen auch Röcke", hat Ole ihr aufmerksam erklärt.

„Aber du bist der Einzige in der Klasse, der im Rock kommt", hat seine Mutter einen weiteren Versuch unternommen.

Unerschütterlich hat Ole darauf bestanden, einen Rock zu tragen. Er war dabei sehr wählerisch und hat vor dem Spiegel verschiedene Röcke seiner Schwester anprobiert. Sie fand seine Idee originell und hat ihn deshalb unterstützt.

Die Eltern haben die Lehrerin vorgewarnt, die der Situation hilflos gegenüberstand. Es gab keine Bekleidungsvorschrift, die besagte, dass Jungen keine Röcke in der Schule tragen dürfen. Warnungen hatten bei Ole alle nichts genutzt. Also nahm das Schicksal im Rock seinen Lauf.

Die Reaktionen der KlassenkameradInnen waren gemischt. Von Gekicher bis zu höhnischem Gelächter, von Getuschel bis hin zu Fragen, ob Ole denn jetzt völlig durchgeknallt sei, waren alle möglichen Reaktionen dabei.

Es ist mir ein Rätsel, wie ein Siebenjähriger das alles durchstehen kann. Die Freude am Tragen des Rockes muss alles überwogen haben. Ole hat es zweifellos nicht aus Effekthascherei getan, er wollte nicht auffallen oder absichtlich anders sein. Sein Bedürfnis war einfach nur, dieses Kleidungsstück zu tragen, weil er sich darin am wohlsten gefühlt hat.

Der Eltern-Oscar geht an Alfi und seine Frau, die die Nerven behalten haben. Gratulation auch der Lehrerin, die es schließlich geschafft hat, mit ihrer Klasse zu bereden, dass Ole das Recht hatte, sich so zu kleiden, wie er wollte. Sie hat nicht zur Toleranz aufgerufen, denn es gab nichts zu ertragen, sondern zur Akzeptanz.

Einen anderen Menschen so zu nehmen, wie er ist, weil er in seiner Erscheinung glücklich ist: Dieser Grundsatz ist doch etwas, das im Leben Freude bereitet.

Zuerst einmal dem anderen, der nicht schief angesehen wird, und dann uns selbst, weil wir uns so viele kritische

Gedanken ersparen. Kritik schwächt bekanntlich den Kritiker genauso wie den Kritisierten. Einfach liebevoll zu lächeln und sich am Wohlgefühl des anderen zu erfreuen, das stärkt dagegen auf jeden Fall.

Ole ist heute 27 Jahre alt. Gleich vorweg: Er ist homosexuell und lebt sehr innig und glücklich mit seinem Partner. Ich hoffe, dass jetzt niemand auf die Idee kommt, er wäre schwul geworden, weil er Röcke getragen hat. Diese Theorien sind steinzeitlich. Ole ist auch kein Transvestit geworden. Nichts davon. Seine Gene haben diesen Weg bestimmt.

Zurück zum Rock: Zugegeben, es gehören Nerven aus Stahl dazu, als Eltern in einem solchen Fall die Ruhe zu bewahren. Gleichzeitig ist es meine Überzeugung, dass Eltern mit dieser Haltung viel Freude in das Leben eines Kindes bringen und es auf ein erfülltes und freudiges Erwachsenenleben vorbereiten.

Was aber, wenn Ole den Druck der KlassenkameradInnen nicht ausgehalten hätte? Was, wenn der Spott ihn tief verletzt hätte? Was, wenn er noch viel wilder beschimpft worden wäre?

In diesem Fall ist und bleibt es trotzdem sein Wunsch und seine Entscheidung, einen Rock zu tragen. Eltern können ihm dann mit einfühlsamen Fragen helfen und vor allem eines vermitteln: Nichts war falsch an deiner Entscheidung.

Keiner muss so sein wie alle anderen. Aber es gehört
Mut und Kraft dazu, anders zu sein. Besser den Versuch
gestartet, als ein Leben lang das Nachsehen gehabt.

Auf einer Party hat mich eine Frau angesprochen, die als Psychotherapeutin arbeitet und vier Kinder hat. Drei Töchter und einen Sohn, einen sogenannten Nachzügler, der deutlich jünger ist. Ihre Sorge galt ihm, weil er das ist, was man als „uncool" bezeichnen kann: ein verträumtes Kind, vom Körperbau eher weich, mit Babyspeck, kein guter Sportler oder Fußballer, in der Schule eher ein Außenseiter.

Die Mutter machte sich Sorgen, weil er schon jetzt eher Außenseiter war. Vor allem aber war es ihr Bestreben, ihn dazu zu erziehen, „cooler" zu werden und mehr in die Cliquen der Klasse zu passen. Sie hat erzählt, wie viele ihrer Klienten in der Praxis als Kinder ähnlich gewesen wären wie ihr Sohn. Daher kam ihr Wunsch, ihn rechtzeitig „umzuerziehen".

Es ist wirklich wesentlich einfacher und angenehmer, im Leben „dazuzugehören" und in einer Gruppe von Gleichaltrigen eine gute Position zu haben. Dazu gehören oft keine großen Leistungen, sondern vielmehr Aussehen, Auftreten, finanzieller Hintergrund der Eltern. In den Gruppen der SchülerInnen, die man als intellektueller bezeichnen könnte, geht es natürlich darum, was jeder liest, an Musik hört, im Kino ansieht et cetera.

Die Gruppe der Uncoolen gibt es übrigens auch. Sie sind AußenseiterInnen aus den gleichen Gründen, aus denen andere eben cool erscheinen: Aussehen, Auftreten, finanzieller Hintergrund der Eltern und dazu Interessen, die nicht so angesehen sind wie die der anderen.

An dieser Stelle möchte ich anmerken, dass ich so ein „Uncooler" in der Schule war. Außerdem haben meine MitschülerInnen damals schon meine Homosexualität bemerkt und mich spüren lassen, dass ich „nicht dazugehöre" und mein Weg etwas Verächtliches ist. Es hat Jahre gedauert, bis ich das überwunden hatte.

Wenn ich nun aber zurückblicke und mir ansehe, wo ich heute im Leben stehe und was ich bisher geschafft habe, dann kann ich etwas sehr Interessantes feststellen:

Was mich vorangebracht hat, was mir verholfen hat, Freude im Leben und als Folge Erfolg zu haben, das waren genau die Merkmale und Interessen, die damals „uncool" waren.

Ich war Puppenspieler (lächerlich für viele), aber dadurch bin ich zum Fernsehen gekommen, wo meine Karriere als Regieassistent und schließlich als Regisseur dazu geführt hat, dass ich durch Zufall vor die Kamera gewechselt habe.

Ich habe schon damals Geschichten für Kinder geschrieben und es geliebt (noch lächerlicher für KlassenkameradInnen und sogar LehrerInnen). Der Wettbewerb, den ich mit 16 Jahren mit fünf TV-Drehbüchern für eine Kinderserie gewonnen habe, war meine Startlinie für mein Leben als Autor. Da ich einfach so gerne für Kinder geschrieben habe und es ernst genommen habe, habe ich eine Nische besetzt. Damals war Schreiben und TV für Kinder sehr sehr wenig angesehen und kaum jemand wollte es machen.

Meine Eltern haben mich unterstützt und mich gefördert, indem sie zum Beispiel meine Tätigkeit als Puppenspieler beim Fernsehen zugelassen haben. Die Aufzeichnungen waren oft am Vormittag, und ich habe den Unterricht versäumt. Sie haben die Entschuldigungen unterschrieben, die einzige Bedingung waren gute Leistungen, und die habe ich erbracht.

Gleichzeitig war es für mich oft die Hölle, unter all den PartygeherInnen, RaucherInnen und SupersportlerInnen zu bestehen. Ich habe mich höchst unsicher und unwohl gefühlt und in meine Traumwelten geflüchtet.

Wenn ich mir heute die Supercoolen von damals ansehe,
so ist deren Leben nicht immer so großartig verlaufen,
wie sie damals gewirkt haben.

Manche sind in ihren Beziehungen gestrandet, andere beruflich. Es kann Zufall sein, aber einige andere, die ähnliche AußenseiterInnen waren wie ich, machen auf mich den freudigsten Eindruck.

Erschreckend finde ich, dass gerade aus der Gruppe der „intellektuellen" MitschülerInnen sich einige so gar nicht im Leben zurechtgefunden haben.

Ein paar freundliche Worte von Eltern reichen allerdings nicht. Schon gar nicht der Rat: „Du musst stark sein. Du bist besser als die anderen." Erstens ist man nicht besser, wenn man anders ist, sondern eben einfach nur anders als der Durchschnitt. Zweitens ist Starksein allein zu wenig.

Die Freude am „Ich-selbst-Sein", die ist es.
Auf diese Freude kommt es an.

Kinder für das Leben zu begeistern bedeutet, sie in der Freude der Eigenheit zu unterstützen und nicht zu versuchen, sie so hinzumodellieren, dass sie gut in eine Gruppe passen.

In London ist mir vor kurzem ein Vater mit einer Teenager-Tochter und einem ungefähr acht Jahre alten Sohn begegnet. Der Sohn hat einen Drachenpyjama mit einer Drachenkopfmaske als Kapuze getragen. Man stelle sich das vor: Am helllichten Vormittag spaziert ein gut gekleideter Vater mit einer schicken Tochter und einem Sohn im Drachenpyjama herum. Ich bin stehengeblieben und habe ihn lächelnd bewundert und gefragt, ob ich ein Foto machen darf.

In diesem Moment sind einige Dinge geschehen, die ich bemerkenswert und großartig finde:

Der Vater hat zuerst seinen Sohn gefragt, ob er fotografiert werden will. Der Sohn war begeistert.

Die Schwester hat gelächelt und scherzend angemerkt, dass sie keiner fotografieren will.

Der Vater hat sich eindeutig weder geniert noch gerechtfertigt, wieso sein Sohn am Samstagvormittag im Drachenpyjama herumgeht.

Es wird doch keiner annehmen, dass dieses Kind sein Leben lang ins Büro in gelben Jogginghosen geht. Allerdings wage ich zu behaupten, das Kind wird ein Stückchen mehr Mut haben im Leben, zu tun, was Freude macht und was ein Ausdruck seiner selbst ist.

Liebe Eltern und Erziehende, starke Nerven
lohnen sich meiner Ansicht nach.

Kinder ihre eigenen Erfahrungen machen zu lassen (natürlich solche, bei denen kein erhöhtes Verletzungsrisiko besteht), vorher mit ihnen zu reden, Bedenken ehrlich und herzlich zu äußern, ihnen aber trotzdem ihren Willen zu lassen, das ist elterliche Liebe der ganz besonderen Art.

Wenn die Erfahrung aber daneben geht, wenn das Kind enttäuscht und frustriert nach Hause kommt, dann bitte nicht sagen: „Ich habe dich doch gewarnt."

In so einem Fall mitfühlend zu sein, das ist eine Größe, die an Menschlichkeit nicht zu überbieten ist.

Leider trage ich keine Hüte, denn sonst würde ich meinen Hut in diesem Moment sehr tief ziehen.

WIE WAREN SIE DAMALS ALS KIND?

Wie cool war ich selbst als Kind und Teenager?
(0 bis 10 Punkte)

Wie cool bin ich heute? (0 bis 10 Punkte)

Welche Folgen hatte mein Coolheitsfaktor von damals auf mich als Erwachsenen?

Wie war meine Stellung gegenüber anderen Gleichaltrigen?

○   Ich war AnführerIn.
○   Ich war dabei und angesehen.
○   Ich war dabei.
○   Ich war eher AußenseiterIn.

Wie habe ich mich damals gefühlt?
(0 = schrecklich - 10 = großartig)

Welche Auswirkungen hat meine Position von damals auf mich heute?

EIN BRIEF AN MEIN KIND

LIEBE(R) _____,

HEUTE WILL ICH DIR WIEDER EINMAL SAGEN, WAS ICH SO GROSSARTIG AN DIR FINDE:

_____

BITTE VERSTEHE, DASS MICH MANCHES AN DIR AUCH SEHR AUFREGT. ZUM BEISPIEL:

_____

ICH BIN GANZ GERÜHRT, WENN DU …

_____

EINE WIRKLICHE HERAUSFORDERUNG ABER BIST DU FÜR MICH, WENN DU …

_____

ICH KÖNNTE DICH UMARMEN, WENN DU …

_____

ICH KÖNNTE DICH ZUM MOND SCHIESSEN, WENN …

_____

NUR MIT ZUSAMMENGEBISSENEN ZÄHNEN KANN ICH AKZEPTIEREN, DASS DU …

_____

UNTER ANDEREN GLEICHALTRIGEN BIST DU ...

ICH GLAUBE, DEIN SELBSTBEWUSSTSEIN IST AUF EINER SKALA VON 0 BIS 10:

KANN ICH DIR HELFEN, MEHR SICHERHEIT ZU EMPFINDEN?

ICH VERTRAUE DIR EIN GEHEIMNIS AUS MEINER KINDHEIT AN, DAS DIR VIELLEICHT MUT MACHT:

AUF JEDEN FALL, IMMER UND ZU JEDER ZEIT, EGAL, WAS DU TUST: ICH LIEBE DICH!

DEIN(E)

Üben macht oft
keinen Meister

Kinder für Musik zu begeistern kann manchmal bedeuten, sie kein Instrument lernen zu lassen.

Einer meiner besten Freunde in London zählt zu den erfolgreichsten zeitgenössischen OpernkomponistInnen Englands. Sein Name ist Jonathan Dove, seine Werke werden weltweit gespielt, und er hat zahlreiche „Community Operas" geschrieben. Diese Opernart kenne ich nur aus England, und sie bezieht Leute aus der Nachbarschaft als Chor in das Werk ein. Auch Kinder spielen in diesen – hoch professionell produzierten – Opern mit. Die Hauptrollen werden alle von OpernsängerInnen übernommen.

Als ich Jonathan von diesem Buch erzählt habe, kam von ihm eine sehr überraschende Meldung:

„Ich bin meinen Eltern unendlich dankbar dafür,
dass sie mich nie zum Üben gezwungen haben. Wahrscheinlich
wäre ich sonst nie geworden, was ich heute bin."

- Jonathan Dove, Opernkomponist

Das also sagt einer der größten Komponisten Englands. Er hat noch mehr zu diesem Thema zu erzählen. Dazu kommen wir gleich, aber zuerst möchte ich diesen Gedanken verfolgen.

Jonathan hat Klavier, Orgel und Viola als Kind gelernt. Er beschreibt sich selbst nicht als den eifrigsten Musikschüler, und hätten seine Eltern ständig Druck auf ihn ausgeübt, sich doch mehr mit den Instrumenten und dem Üben zu beschäftigen, so hätte er bestimmt weniger Leidenschaft für Musik entwickelt.

So aber waren seine Neugier und sein Interesse durchaus vorhanden, und er hatte die Möglichkeit, seine Verbindung zu Instrumenten und Musik selbst aufzubauen.

Bestimmt kommt jetzt von manchen das Argument: Ja, aber wie viele Menschen werden KomponistInnen? Die meisten anderen Kinder, die nicht Klavier üben wollen, können das Instrument einfach nur nicht gut spielen.

Das ist natürlich richtig. Daher will ich jetzt die ketzerische Frage stellen:

Ist es wirklich so wichtig, dass Kinder ein Instrument lernen, auch wenn sie gar nicht wollen?

Wenn ein Kind sichtbare, eindeutige Freude daran hat, dann ist es natürlich etwas anderes. Vielleicht braucht es dann auch ab und zu zarte Hinweise, wie von einem guten Sporttrainer, trotzdem aber sollte der Antrieb vor allem aus der eigenen Neugier und Leidenschaft kommen.

Ich selbst musste auch Klavierspielen lernen, weil meine Eltern der Meinung waren, es wäre ein wichtiger Teil meiner Erziehung. Meine Mutter war selbst eine großartige Pianistin, die Klavier sogar studiert hat. Sie hat das Herz meines Vaters mit einem Impromptu von Franz Schubert gewonnen, und in den vielen Jahren ihrer Ehe hat er sich immer gefreut, wenn sie es für ihn gespielt hat. Mein großer Bruder hat ebenfalls Klavier gelernt und ist darin gut geworden. Er war mir altersmäßig voraus, und da ich als Kind ein wenig wettbewerbsorientiert war, wusste ich, dass ich ihn nicht übertreffen konnte. Das hat mich gestört. Ich wollte nicht einfach auch bloß ein Klavierspieler sein.

Später bin ich dann auf Gitarre umgestiegen, habe damit nach zwei Jahren aber wieder aufgehört.

Klavierspielen zu lernen war für mich nur wichtig,
weil ich dadurch meine Liebe zum Puppentheater ausleben
konnte, die ein Meilenstein in meiner Laufbahn war.

Das Erlernen eines Instruments erschien meinen Eltern sehr wichtig, obwohl ich eindeutig weder große Leidenschaft noch Begabung gezeigt habe. Die Klavierlehrerin aber hat etwas veranstaltet, das „Kinder malen Musik" hieß. Wir durften auf dem Boden sitzen und liegen, und sie hat uns verschiedene Stücke vorgespielt. Wir sollten zuhören und die Musik in Zeichnungen oder Malerei umsetzen.

Das habe ich geliebt. Es war für mich das Schönste.

Die Klavierlehrerin hatte früher auch ein professionelles Puppentheater und in einem Schrank großartige, aufwendige Puppen. Manche konnten den Mund bewegen, andere die Augen. Die Arme wurden mit Stäben geführt. Puppentheater war meine Leidenschaft, seit ich ein kleines Kind war. Daher bin ich zu den Klavierstunden immer nur in der Erwartung gegangen, wieder etwas über das Puppenspiel zu lernen oder vielleicht sogar eine der wunderbaren Figuren nach Hause mitnehmen zu dürfen. Zu dieser Zeit – ich war damals vielleicht acht Jahre alt – habe ich mir auch mit größter Begeisterung Geschichten ausgedacht und immer versucht, sie aufzuschreiben. Meine Rechtschreibung war schwach, meine Freude am Niederschreiben von Ideen und Szenen aber groß. Ich konnte stundenlang sitzen und mit der Hand schreiben. Eine erste Schreibmaschine war mein Traum, und ich habe ein altes Gerät meines Vaters übernommen. Musik hat mir dazu gedient, Geschichten in meinem Kopf wachsen zu lassen.

Wie wichtig also war der Klavierunterricht für mich? Er hat mir ausschließlich dabei geholfen, alles zu tun, was mich später in meinem Leben wirklich weitergebracht hat: Zeichnen und Malen, Puppentheater, Träumen und Geschichten ausdenken. Das Instrument selbst war mir unwichtig, das Üben eine Qual. Das Allerschlimmste aber waren die Konzerte zu Weihnachten und vor Schulschluss, bei denen ich auftreten und vorspielen musste. Ich war davor entsetzlich aufgeregt, bin einige Male hängen geblieben, habe sie immer mehr gehasst und das Klavier dazu.

Bei aller Achtung für meine Eltern: Wäre es nicht viel wichtiger gewesen, meine wahren Talente zu unterstützen und zu fördern? Aus meiner heutigen Sicht schon.

Zurück zu meinem Freund Jonathan, der zum Thema Musik und Kinder sagt, dass langwieriges Klavierlernen nicht unbedingt nötig ist. Manche Kinder wollen aber zum Beispiel die Akkorde von „Crocodile Rock" von Elton John spielen können. Bekommen sie die Akkorde gezeigt, sind sie von alleine bereit, sie auch zu üben, bis es halbwegs nach dem Song klingt. Eine Begegnung mit dem Klavier ist damit erfolgt. Sollte sich daraus mehr Interesse entwickeln: gut, wenn nicht: auch gut.

Es macht durchaus Sinn, Kinder mit einem Instrument in Kontakt zu bringen. Kommt der Anstoß und der Wunsch von ihnen, dann ist die Erfolgschance wesentlich größer, das ist auch klar. Sollte das Kind aber einfach nach einigen Versuchen nicht mehr wollen, dann kann das doch akzeptiert werden.

Was ist sonst seine Leidenschaft?

Durchhaltevermögen und die Erkenntnis, dass es manchmal anstrengend ist, ein Ziel zu erreichen, sind wichtige Erfahrungen. Jedes Kind sollte solche Erfahrungen haben, aber nicht unbedingt beim Erlernen eines Instruments. Musik soll Freude bedeuten, denn dann nimmt man auch das viele Üben auf sich.

Andererseits verdient es natürlich jeder Funken von Freude an Musik und Instrumenten, zu einem Feuer entfacht zu werden. Laurenz, der Sohn meiner TV-Partnerin Kati, spielt sensationell Gitarre. Er freut sich auf jede Stunde mit seinem Lehrer, der ihm allerdings auch langweilige Fingerübungen erspart hat und sich mehr auf das Spielen von Melodien und das Begleiten von Songs aus der Hitparade konzentriert. Laurenz' Augen strahlen, wenn er vorspielt. Er tut es gerne, ist immer sofort bereit, die Gitarre zu holen, und die Begeisterung sprüht nur so aus ihm.

Manche meiner Freunde haben erst als Erwachsene begonnen, Klavier zu spielen. Das Üben fällt oft schwerer als im Kindheitsalter, und ab und zu fiel die Bemerkung: „Hätten meine Eltern mich doch schon als Kind angehalten, Klavier zu lernen."

Darauf habe ich immer nachgefragt, wie groß denn damals die Begeisterung über dieses „Anhalten" gewesen wäre. Fast alle haben nach kurzem Nachdenken erkannt, dass sie es überhaupt nicht hätten leiden können. Es tut gut, die rosarote Brille in diesen Fällen abzusetzen.

Es ist natürlich wunderbar, wenn Kinder zu allen Arten von Musik Zugang haben. Gerade bei klassischer Musik ist das oft nicht der Fall. Dazu haben Experten vor einiger Zeit eine interessante Beobachtung gemacht. Es gab auf einmal eine Generation von GrundschülerInnen, die auf klassische Musik viel positiver und offener reagiert haben. Diese Offenheit hat sich über mehrere Schulstufen gezogen. Dieses Phänomen wurde lange untersucht und es hat sich etwas Interessantes herausgestellt: Als diese Kinder Säuglinge und Kleinkinder waren, hat die Werbung in Radio und Fernsehen verstärkt Themen aus der klassischen Musik verwendet.

Der Zugang zu klassischer Musik scheint also schon in frühen Jahren gelegt zu werden, einfach durch beiläufiges Hören.

Ein Instrument zu erlernen kann das Leben eines Kindes, eines kleinen Menschen, sehr bereichern. Aber wieder gilt: Mut machen und unterstützen, aber wenn zu viel Druck und Zwang nötig sind, dann geht doch die Welt nicht unter, wenn das Kind etwas anderes macht, was ihm mehr Freude bereitet.

MUSIKTRAUM ODER TRAUMA – WIE WAR DAS IN MEINER KINDHEIT?

Bitte ausfüllen (angelegt als verzweigter Weg mit verschiedenen Kreuzungspunkten):

Als Kind habe ich ◖ *EIN* ◖ *KEIN Instrument gelernt.*

Bei KEIN:
Ich finde das heute ◖ *SCHADE* ◖ *GUT SO*

Bei SCHADE:
Gerne hätte ich ....(Instrument einsetzen) gelernt.

Heute ...
◖ *ist es für mich zu spät, weil ich keine Zeit habe*
◖ *ist es eine Möglichkeit, das nachzuholen*
◖ *habe ich keine Lust mehr*

Bei EIN:
Ich habe es ◖ *GELIEBT* ◖ *GEMOCHT* ◖ *GEHASST*

Bei GELIEBT und GEMOCHT:
ich spiele noch immer/ich habe aufgehört, weil

Bei GEHASST: ◖ *weil ich so viel üben musste*
◖ *weil es das falsche Instrument war*
◖ *weil mich anderes viel mehr interessiert hat*

BRIEF AN MEIN KIND
ZUM THEMA MUSIK

LIEBE(R) _____ ,

HEUTE SCHREIBE ICH DIR ÜBER MUSIK IN DEINER KINDHEIT.
SCHAU, MEIN WUNSCH FÜR DICH WAR IMMER …

_____

_____

SO IST ES BIS JETZT GEKOMMEN:

_____

_____

DU UND EIN INSTRUMENT:

_____

_____

DU UND SINGEN ODER TANZEN:

_____

_____

DU UND DAS THEMA ÜBEN ODER PROBEN:

_____

_____

DEIN GRÖSSTER WUNSCH, WENN ES UM MUSIK GEHT ...

_____

_____

WAS KANN NOCH GESCHEHEN, DAMIT DU FREUDE AN MUSIK HAST, AN WELCHER ART VON MUSIK AUCH IMMER?

_____

_____

TANZ DURCH DEIN LEBEN, SING DAZU!

DEIN(E)
MAMA/PAPA

Vom Lesen verdirbt man sich nur die Augen, und Bücher machen zu viel Stress

Wer Kinder für das Lesen begeistern will, der bleibt entspannt.

Der Zwang sowie die Bedeutung, die Büchern im Leben von Kindern beigemessen werden, sind manchmal die größten Leseverhinderer. Das Lesen von Büchern ist fast zum Stress geworden.

Ich kann den Aufschrei schon hören. Wie kann ich als Kinderbuchautor allen Ernstes behaupten, dass Bücher Stress machen?

Ich gehe sogar noch weiter und sage, dass das Lesen von Büchern heute überbewertet wird. Falls mich jemand nun für völlig verrückt und kulturlos hält, dann bitte ich, weiterzulesen.

Wieso komme ich also zu diesen Aussagen?

Eine erste Antwort: Weil – meiner Beobachtung nach – zu viel überlegt wird, wie Kinder auf das Bücherlesen trainiert werden.

Da Lesen von Büchern aber, wie viele
andere Tätigkeiten auch, in erster Linie als etwas
Lustvolles und Genussvolles empfunden werden muss,
steckt oftmals zu viel Druck dahinter.

Auf Druck reagiert praktisch jeder Mensch mit Ausweichen oder Gegendruck, im seltensten Fall aber mit Freude. Genau die aber ist nötig, wenn es um Lesen und im Speziellen das Lesen von Büchern geht.

Wie viel und wie oft Kinder Bücher lesen - dieses Thema wird häufig zum Problem erklärt. Kinder, die nicht oder nur sehr wenig lesen, werden ebenfalls gerne als „Problemkinder" angesehen.

Wenn es um das Thema Lesen und vor allem das Lesen von Büchern geht, kommen die Worte Freude, Begeisterung und Vergnügen viel zu selten vor.

Bei einem Weihnachtssingen bei Freunden hat mich ein Ehepaar angesprochen und geklagt, wie groß ihre Sorge um ihren elfjährigen Sohn sei.

„Er liest nicht", hat die Mutter mir leise erklärt. „Seine Schwestern sind alle Leserinnen, er aber nicht."

„Ich habe alles probiert, aber er will einfach keine Bücher lesen", hat der Vater hinzugefügt.

Simon, so sein Name, ist ein eher verträumter Junge, für sein Alter recht kindlich. Ich habe mich ein wenig mit ihm unterhalten und ihn als schüchtern, aber sehr interessiert und fantasiebegabt erlebt. Mit leuchtenden Augen hat er mir erzählt, wie gerne er die Disney-Bücher liest, die zu den verschiedenen Animationsfilmen der letzten zehn oder sogar 15 Jahre erschienen sind. Er kannte sie alle und wusste genauestens über den Inhalt Bescheid. Das aber nicht, weil er die Filme gesehen hatte, sondern weil er die Bücher wirklich gelesen hatte.

Als ich seine Eltern darauf ansprach, haben sie gütig gelächelt und gemeint, natürlich sollte Simon „richtige" Bücher lesen, aus denen er etwas lernt.

Hand aufs Herz: Wer von uns Erwachsenen liest ständig
„wertvolle" Bücher, von denen wir „lernen"?

Simon ist durchaus in der Lage, ein Buch zu lesen, aber es entsprach nicht den Vorstellungen der Eltern. Daher haben sie ihm ständig vermittelt, etwas wäre mit ihm nicht in Ordnung und er hätte da einen kleinen Mangel.

Der Anspruch, den Erwachsene an ein „gutes"
Kinderbuch stellen, beinhaltet eine gewisse Arroganz,
die der Leselust von Kindern kaum förderlich ist.

Lesen muss für Kinder Freude bedeuten. „Muss" – dieses Wort zeigt das Problem.

Kein Kind ist dumm oder zurückgeblieben oder weniger wertvoll, wenn es keine große Freude an Büchern findet. So etwas kommt vor, und je ruhiger mit dieser Tatsache umgegangen wird, desto größer die Chance, dass Kinder doch noch Lust daran entwickeln.

Ich kenne viele Familien, in denen die Eltern LeserInnen sind. Von drei Kindern ist dann manchmal eines ebenfalls ein begeisterter Leser oder eine Leserin, während die Geschwister sich dafür weniger oder sogar gar nicht interessieren.

Nun waren die Eltern aber sicher Vorbilder. Es wurde allen drei Kindern auch viel vorgelesen. Trotzdem aber hat es bei zweien wenig genützt.

Ja, so kann das sein. Katastrophe ist das keine, schade ist es vielleicht schon. Jedes Urteil darüber sollte aber – so finde ich – unterbleiben. Menschen – und Kinder sind kleine Menschen – sind sehr verschieden und haben sehr unterschiedliche Vorlieben.

Können Druck und Stress aus dem Thema Lesen genommen werden, ist aber einiges möglich.

Kinder können durchaus gefördert und gestärkt werden, damit sie gute LeserInnen im Leben sind.

Selbst war ich ein Kind, dem viel vorgelesen wurde, und ich habe das Vorlesen geliebt. Sobald ich selbst lesen konnte, wurde ich in eine Bücherei eingeschrieben und habe mir von dort jede Woche neue Bücher geholt.

Nur Bücher, in denen ich mich verstanden und ernst genommen gefühlt habe, habe ich auch wirklich gelesen. Bücher, die mich gefesselt haben, wurden in mein Baumhaus mitgenommen. Das war die höchste Auszeichnung, die ich geben konnte. Bis heute steht auf meinem Schreibtisch ein Schild mit der Erinnerung: „Schreibe Bücher für dein Baumhaus!"

Ich war also das, was man einen guten Leser nennt, trotzdem aber habe ich Fernsehen geliebt. Ich bin viel, gerne und lange vor der Glotze gehockt.

Da meine Eltern am Nachmittag gemeinsam in der Ordination meines Vaters gearbeitet haben, hatte ich eine wunderbare Kinderfrau namens Frau Rode. Sie hat mir immer vorgelesen, während ich gezeichnet habe. Es waren aber nicht nur Kinderbücher, die ich da gehört habe.

Jeden Donnerstag hat sie die Romanzeitung mitgebracht. In dieser Zeitung wurden Romane in Fortsetzungen abgedruckt. Bis heute erinnere ich mich an „Hinter uns steht der Herrgott – ein Unfallchirurg erzählt". Frau Rode und ich haben Woche für Woche um das Leben der PatientInnen gezittert und waren auf ihre Schicksale gespannt. Ich war damals ungefähr acht oder neun Jahre alt. Auch wenn die Lektüre sicher nicht altersadäquat war, hat sie mich fasziniert.

Als leidenschaftlicher Fernseher und Leser der Romanzeitung, in der sicher keine Romane abgedruckt waren, die landläufig als „hochwertige Literatur" bezeichnet werden können, ist aus mir etwas geworden.

Nicht nur ein begeisterter Geschichtenerzähler und Autor, sondern auch ein Mensch, der das Leben liebt und sich für vieles begeistern kann.

Als vor 30 Jahren mein erstes eigenes Buch erschienen ist, habe ich meiner Tante Mitzi davon erzählt. Sie war damals schon an die 90 Jahre alt. Ende der 80er-Jahre hat die Diskussion gelautet: Fernsehen oder Bücher? Das Fernsehen zerstöre die Lesekultur. Als ich mit meiner Tante darüber gesprochen habe, ist sie in schallendes Gelächter ausgebrochen.

„Thomas, diese Diskussionen hat es immer gegeben. In meiner Kindheit haben die Leute aber zu mir gesagt: Mitzi, lies nicht so viel, davon verdirbt man sich nur die Augen."

Wie recht sie hatte, meine Tante. Damals, vor 30 Jahren, habe ich die Vorhersage getroffen, wir werden eines Tages Kinder bitten, wieder fernzusehen und nicht nur vor dem Computer zu sitzen. Und voilà, die Zeit ist gekommen.

Im Laufe der Jahre bin ich in unzähligen Podiumsdiskussionen gesessen, in denen über die Wichtigkeit des Lesens und vor allem des Lesens von Büchern diskutiert wurde. Rausgekommen ist praktisch nie etwas. Kluge Leute haben kluge Argumente ausgetauscht und – respektlos ausgedrückt – haben sich gegenseitig auf die Schultern geklopft, wie klug sie doch seien und dass man endlich aus diesen armen, dummen Kindern auch klügere Wesen machen müsse.

Aber das „böse" Fernsehen, der „böse" Computer, das „böse" Handy, die „bösen" Computerspiele.

Es gibt dann viele Gedanken zu „Leseförderung" und wie man Kinder dazu bringt, die Bücher zu lesen, die Erwachsene für wichtig halten. Einer meiner Verlage hat immer argumentiert, dass meine Bücher ihre Existenzberechtigung hätten, weil sie doch „Leseförderung" seien. Für ihren Inhalt und ihre Qualität sind sie von verschiedenen Leuten vor allem zu Beginn meines Schaffens kritisiert worden. Um ihren Ruf aber doch zu retten, hat man ihnen zumindest das Prädikat „Leseförderung" umgehängt. Für mich ist das nichts Schlechtes.

Ziel meiner Autorentätigkeit war es immer, Kinder mit meinen Geschichten zu begeistern. Ich wollte eben „Baumhausbücher" schreiben. Trotzdem handelt es sich nicht um „Gebrauchsliteratur" zum Zweck, nichtlesende Kinder doch noch zu LeserInnen zu machen.

30 Jahre später habe ich über Social Media viel Kontakt mit meinen LeserInnen von damals, die heute erwachsen sind und mir ein sehr interessantes Bild geben, wie sie die Geschichten empfunden haben.

Es war immer mein Ziel, Bücher zu schreiben, die gut und einfach gelesen werden können. Da ich vom Fernsehen kam, habe ich mein Schaffen weniger an literarischen Vorlagen ausgerichtet, sondern mehr an der Dramaturgie von TV und Film.

Bis heute beklagen sich Kinder, dass Bücher am Anfang zu langweilig seien. Im Fernsehen und im Film gilt das oberste Gesetz, dass die Zuseher in den ersten drei Minuten in die Geschichte förmlich hineingezogen werden müssen. Meiner Ansicht nach gilt das auch für Bücher, und ich schreibe daher immer starke Einstiegsszenen. Aber auch jedes Kapitel endet mit einem Cliffhanger, also einem spannenden Moment, der sofort Lust zum Weiterlesen macht.

Viele meiner Geschichten sind interaktiv, um die LeserInnen einzubinden und zum Teil der Geschichte zu machen. Computerspiele tun das auch, und mir war es immer wichtig, Kindern in ihrer Leidenschaft und Vorliebe zu begegnen.

Meine HeldInnen agieren sehr eigenständig, und Erwachsene spielen meistens eine untergeordnete Rolle. Die Kinder der Geschichten haben normale Alltagsprobleme, aber erleben Abenteuer, die sich die LeserInnen wünschen. Ferien vom Alltag sind in einer Zeit, wo die Anforderungen der Schule stetig steigen, wichtiger denn je.

Die Abenteuer meiner Bücher sind wie Fahrten auf der Achterbahn: rasant, rauf und runter, gefährlich, wilde Kurven, aber die Leser können gewiss sein, sie kommen immer gut an.

In meinen Büchern habe ich nie „Probleme" verpackt, aber immer eine respektvolle Haltung der Hauptpersonen geschildert. Freundschaft und Zusammenhalt führen zum Erfolg. Alle menschlichen Gefühle sind möglich, aber wichtig ist der verantwortungsvolle Umgang damit. Die Geschichte, die berührt und begeistert, steht immer im Mittelpunkt.

Literaturpreise hat mir das nicht eingebracht, dafür aber Publikumspreise und die höchste Auszeichnung überhaupt: Heute kommen Erwachsene zu mir und bedanken sich „für eine schöne Kindheit". Nicht nur im deutschsprachigen Raum, auch in China und der Türkei zum Beispiel. Sie erzählen, dass sie nie lesen wollten, aber meine Bücher verschlungen haben. Erst neulich hat mich ein Herr angesprochen und augenzwinkernd erzählt, er wäre jetzt sogar doppelter Doktor, so schlecht könne die Lektüre also nicht gewesen sein.

Meine LeserInnen von früher haben die Bücher als Freunde erlebt, die sie manchmal durch einsame Zeiten und

Spannungen in der Familie begleitet haben. Da ich gerne intakte Familien beschrieben habe, haben sich die LeserInnen sicher und gut aufgehoben gefühlt. (Gerade diese „intakten" Familien sind aber oft kritisiert worden.)

Das alles schildere ich nicht, um mich großzumachen. Viele meiner KollegInnen haben viel Größeres als ich geleistet. J.K. Rowling hat eine wahre Lese-Epidemie mit Harry Potter ausgelöst, die sich durch alle Altersklassen gezogen hat. R.L. Stine hat mit seinen „Gänsehautbüchern" hunderte Millionen von LeserInnen in seinen Bann gezogen.

*Es ist meine feste Überzeugung, dass ein gutes Buch
ein solches ist, das mit Begeisterung gelesen wird.*

Wenn Erwachsene Büchern das Etikett „wertvoll" aufkleben, weil darin „Probleme" behandelt werden, dann frage ich mich, wie wichtig es für ein Kind ist, sich damit beim Lesen auseinanderzusetzen.

*Es besteht jedenfalls die Gefahr, dass das
Etikett „wertvoll" ähnlich abschreckend und für die
Leselust hinderlich wirkt wie das Etikett „gesunde
Ernährung" für die Lust am Essen.*

Ich selbst habe als Kind am meisten über die Nazi-Herrschaft und die Judenverfolgung gelernt, als ich von Judith Kerr „Als Hitler das rosa Kaninchen stahl" gelesen habe. Judith Kerr hat von ganzem Herzen die eigenen Erlebnisse geschildert, und das auf eine Art und Weise, die nicht belehrend und bevormundend war, sondern zutiefst berührend.

Heute müssen, ja, müssen Bücher mehr
als je zuvor auf LeserInnen eingehen.

Noch mehr Illustrationen sind für viele LeserInnen wichtig, eine noch witzigere Gestaltung, mutige Themen, die Humor und Frechheit besitzen. Bücher, die dick sind, aber eigentlich wenig Text haben und bei denen es Spaß macht, ständig umzublättern.

Das Lesen von Geschichten kann aber nicht nur in Büchern stattfinden. Meiner Ansicht nach sollten Geschichten viel lebendiger werden und in Apps oder auf Seiten im Internet erzählt werden. Auch hier kann gelesen werden, aber es gibt so viele technische Möglichkeiten, um Texte lebendiger zu gestalten und mit Musik, Geräuschen und Effekten zu versehen.

War früher das Lesen von Sachbüchern für manche das einzige Leseerlebnis, das sie erfahren haben, so ist es heute für manche das Lesen von Wikipedia-Artikeln. Auch das ist Lesen. Es ist die Aufnahme von Buchstaben und Text, und ich würde es nicht minder einstufen als das Lesen von Büchern.

Daher sage ich: Bitte locker bleiben,
wenn Sie Kinder für das Lesen begeistern wollen.

Bieten Sie ihnen verschiedene Bücher an. Gehen Sie mit ihnen in Büchereien und Buchhandlungen und lassen Sie das Kind frei entscheiden. Ohne Wertung, ohne Kritik, ohne ein Urteil über die Auswahl von oben herab. Mit Wertschätzung dafür, wenn sich ein Kind überhaupt ein Buch ausgesucht hat.

Wird das Buch doch nicht gelesen, dann soll es eben etwas anderes sein. Vielleicht gelingt es, herauszufinden, was das Kind gerade berührend findet und was es sich wünscht. Dann bei der Suche in diese Richtung behutsam helfen, aber die endgültige Entscheidung wieder dem Kind überlassen.

Eine Freundin von mir, Cheflektorin in einem Kinderbuchverlag, war stolz auf die Bilderbücher, die sie herausgebracht hat. Nur ihr eigener kleiner Sohn hat sie nie angefasst und immer achtlos beiseitegelegt. Eines Tages, als sie nach Hause kam, ist er ihr begeistert entgegengestürmt, um ihr mitzuteilen, dass er endlich ein wirklich tolles Buch gefunden hat. Es hat ihn ein gutes Jahr sogar ins Bett begleitet, und wäre es nicht aus Pappe und hartem Papier gewesen, hätte er es völlig zerlesen und zerlegt.

Das Buch war ein Geschenk seiner Großmutter, es hat zwei Euro gekostet, war von der Tankstelle und trug dazu auch den Titel: „Immer was los auf der Tankstelle".

Für meine Freundin ist damals eine kleine Welt eingestürzt, da aber die eigenen Kinder nie irren, hat sie ihre Auswahl an Büchern im Verlagsprogramm neu gesehen und überlegt. Das empfinde ich als wahre Größe und Respekt vor Kindern.

Die wichtigste Frage aber in der Diskussion rund um das Lesen ist eine andere und aus meiner Sicht noch viel wichtigere:

Was muss geschehen, damit
Kinder überhaupt lesen können?

Die Lesefertigkeit ist die größte Herausforderung, sinnerfassend einen Satz, einen Absatz oder eine ganze Seite aufzunehmen.

Jedes Kind sollte das mit spätestens zehn Jahren schaffen. Aber nicht nur Studien, sondern auch die Klagen von LehrerInnen bestätigen, dass es nicht so ist.

Manche Kinder können heute bereits lesen, bevor sie in die Schule kommen. Andere können es noch immer kaum nach vier Jahren Unterricht. Woran liegt das? Nur am Elternhaus?

In Grundschulen wird sehr oft jede Woche ein Buchstabe gelernt. LehrerInnen haben mir mehrfach erzählt, dass aber zum Beispiel dem Buchstaben E viel mehr Zeit gewidmet werden sollte. Er ist der am häufigsten vorkommende Buchstabe in Texten.

Ist es wirklich nötig, dass Kinder am Ende
des ersten Halbjahres alle Buchstaben kennen?

Manche Kinder brauchen einfach länger. Kann man ihnen die Zeit nicht geben?

Es gibt Kinder, die absolut visuell lernen, andere mehr akustisch, manche haben Mühe, sich die Formen zu merken. Kinder sind heute viel unterschiedlicher als je zuvor (oder zumindest dürfen sie ihre Eigenheiten und Eigenschaften mehr zeigen). In einer ersten Klasse sitzen Kinder, die in ihrer geistigen Entwicklung einen Bogen zwischen vier und acht spannen.

LehrerInnen sind wirklich sehr, sehr gefordert, auf diese Individualitäten einzugehen. Aber nur wenn es gelingt, Kinder dort abzuholen, wo sie stehen, und in ihrem Tempo zu gehen, kann das Ziel, sinnerfassend, flüssig und gerne zu lesen, erreicht werden.

Eine Lesepädagogin hat einmal erzählt, dass ein Junge in ihrer Nachmittagsgruppe das Lesen verweigert hat. Mit verschränkten Armen hat er die Doppelstunde abgesessen, ohne auch nur ein einziges Mal irgendein Interesse zu zeigen. Von seiner Mutter hat sie dann erfahren, dass der Junge sehr preisbewusst ist und die Mutter im Supermarkt beraten hat, wo es gerade Sonderangebote gibt. Dafür ist er herumgelaufen und hat nach den roten Schildern gesucht.

Die Pädagogin hatte die Idee, ihn mit Flugblättern und Postwurfsendungen von Supermärkten im Förderunterricht zu versorgen. Nicht bei allen Angeboten gab es Bilder, und um herauszufinden, welche Waren gemeint waren, musste er Lesen lernen.

Er hat es auch getan.

Freunde von mir haben ihrem Sohn, der ebenfalls ein Buchstabenhasser war, das Lesen beigebracht mit dem Versprechen, er bekommt jede Eissorte, die er lesen kann. Zu Beginn war die Tüte höchstens mit einer „Gnadenkugel" gefüllt, am Ende des Sommers mussten sie die Herausforderung beenden, da er fließend alle Sorten wirklich lesen konnte und die Portionen für mehr als eine Familie gereicht haben.

Jedes Kind muss Worte und Sätze lesen und verstehen können. Punkt, aus. Das ist Grundlage für ein freudiges Leben. Aus meiner Sicht ist jeder Trick und jedes Mittel recht, Kindern das Lesen beizubringen.

Es sollte viel mehr Förderungen für alternative Lese-Lernformen geben. Offenheit und auch mehr Geduld für Kinder, die eben länger brauchen. Wenn sie zum Beispiel sportlich sind, kann das Lesen vielleicht mehr mit dem Wettbewerbsgedanken erlernt werden. Romantische, musische Kinder wollen vielleicht eher jeden Buchstaben auf einen eigenen, schönen Zettel gemalt bekommen und wie einen Schatz bei sich tragen.

Mut, Platz und Unterstützung für alle LehrerInnen, die hier neue Ideen haben.

Kinder für das Lesen zu begeistern, heißt...

... ihnen die Fertigkeit des Lesens, des Erfassens von Buchstaben, Worten und Sätzen beizubringen und mit ihnen zu trainieren.

... die Achtung und die Liebe für sie zu haben, auf ihren individuellen Lernstil einzugehen, sodass sie die Technik wirklich beherrschen.

… ihnen Bücher anzubieten und ihre Wahl zu akzeptieren und niemals zu kritisieren oder zu kommentieren.

… sie erzählen zu lassen (wenn sie das wollen), warum sie etwas lesen oder was sie gerade lesen, ohne einen Kommentar von oben herab, der irgendeine Form von Missbilligung ausdrückt.

… jede Form des Lesens zu unterstützen und zu fördern, auch wenn es Texte im Internet sind.

… als Autor und als Verlag immer wieder neue Wege zu gehen und auszuprobieren, um Bücher attraktiv und leicht lesbar zu machen.

WIE WAR DAS BEI MIR?

MEINE DREI LIEBLINGSBÜCHER ALS KIND

1)

2)

3)

Sie haben mir so gut gefallen, weil ...

Ich habe sie

○ *selbst entdeckt*
○ *empfohlen bekommen*
○ *zum Glück lesen müssen*

Diese Bücher haben meine Eltern und/oder andere Erwachsene für

○ *wertvoll*
○ *bedeutungslos*
○ *wertlos*

gehalten.

Was habe ich aus diesen Büchern bis heute mitgenommen?

Welche Gefühle habe ich, wenn ich an die Geschichten denke?

Welchen Schaden habe ich genommen, falls meine Eltern oder
LehrerInnen diese Bücher als schlecht bezeichnet haben?

BRIEF AN MEIN KIND,
WENN ES ERWACHSEN IST

LIEBE(R) _____ ,

DU BIST EIN(E) O GUTE(R) O MITTEL GUTE(R)··· O SCHWACHE(R)
O LUSTLOSE(R) LESER(IN).

DIE TECHNIK DES LESENS HAST DU IN DER SCHULE O SCHNELL O LANGSAM
O WIDERWILLIG O FREUDIG GELERNT.

LESEN KONNTEST DU IM ALTER VON _____ JAHREN.

VORLESEN MAGST DU O SEHR O MITTEL O WENIGER.

DEINE DREI LIEBLINGSBÜCHER BISHER WAREN:

1) _____

2) _____

3) _____

GESCHICHTEN, DIE DU GAR NICHT MAGST ···

_____

GANZ EHRLICH HÄTTE ICH GERNE, DASS DU DAS LIEST:

_____

DER GRUND DAFÜR IST ···

_____

WIE WICHTIG ABER IST ES WIRKLICH FÜR DICH, DIESE GESCHICHTEN ZU LESEN?

_____

ICH FINDE DIE BÜCHER, DIE DU GERNE LIEST, ···

_____

WELCHE GESCHICHTEN KÖNNTEN DICH NOCH BEGEISTERN?

_____

DAMIT DU MEHR SPASS AM LESEN FINDEST, KANN ICH NOCH DAS FÜR DICH TUN:

_____

AUF JEDEN FALL DANKE FÜR DAS LESEN DIESES BRIEFES!

DEIN(E)
MAMA/PAPA

Blödsinn gibt es nicht

Das Denken von Kindern können wir oft nur bewundern und sollten es lange so erhalten.

„Kinder sind richtige kleine Genies!" Das sagen meistens Leute, die entweder keine Kinder haben oder sich auch sonst nicht sehr viel mit ihnen beschäftigen.

Ich selbst habe großen Respekt vor Kindern, als Genies aber würde ich sie nicht bezeichnen. Ich weiß gar nicht, ob es einem Kind zu wünschen wäre, „ein Genie" zu sein. Genies haben oft die größten Probleme im Leben.

Kinder blindlings zu bewundern, das halte ich ebenfalls für schwer übertrieben. Genauso aber ist das Wort „Blödsinn" oft der Killer für sprühende Ideen und ein herzerfrischend anderes Denken von Kindern.

Während unser Denken durch Schule, Erziehung und Erfahrung oftmals auf ziemlich starre Schienen gesetzt wird, haben Kinder völlig andere Ansätze und Denkrichtungen.

Für das Leben begeistern kann heißen, das Denken von Kindern in seiner freien und manchmal sogar wilden Art zu bestärken und zu unterstützen, damit es nicht verloren geht.

Ein Physikprofessor, der normalerweise an der Uni unterrichtet, wollte seine fünfjährige Tochter beeindrucken. Also hat er ihr eine Schüssel mit Wasser hingestellt und eines der großen Wunder der Physik angekündigt.

Er nahm Stecknadeln und warf sie ins Wasser, wo sie natürlich sofort untergingen.

„Was muss geschehen, damit eine Nadel schwimmt?", wollte er von seiner Tochter wissen.

Sie überlegte kurz, fand aber keine Lösung.

Also erklärte er: „Die Nadel muss waagerecht auf das Wasser gelegt werden, dann trägt sie die Oberflächenspannung." Er überreichte ihr Nadeln und forderte sie auf, das zu versuchen.

Kein Mensch schafft es aber, eine Nadel so auf die Wasseroberfläche zu legen, dass sie dort schwimmt. Keine Hand ist ruhig genug und kein Augenmaß genau genug, um zu erkennen, was wirklich waagerecht ist.

Der Trick besteht darin, die Nadel auf ein Stückchen Küchenrolle oder Löschpapier zu legen. Das Ganze kommt auf das Wasser, das Papier saugt sich voll und geht unter, die Nadel aber liegt auf der Wasseroberfläche, getragen von der Oberflächenspannung.

Der kluge Professor wollte schon die vorbereiteten Papierstückchen hervorholen, als seine Tochter die Schüssel mit Wasser nahm und wegging. Er lief ihr nach und wollte wissen, was sie vorhatte.

„Ich weiß, wie es geht", erklärte sie. „Ich friere das Wasser jetzt ein. Dann lege ich die Nadeln auf das Eis und lass es wieder auftauen. Dann müssen sie schwimmen."

Ihrem Vater fehlten die Worte. Nicht in hunderttausend Jahren wäre er auf diese Lösung gekommen. Dabei hatte er

Physik studiert und unterrichtete und forschte an der Uni seit mehr als 30 Jahren. Die Lösung, die seine Tochter erdacht hatte, könnte durchaus funktionieren, und von der Theorie her war sie großartig. Das konnte er nur neidlos zugeben.

Kinder denken nicht in Strukturen, die sich bei uns ein Leben lang wie eine Mauer vor uns aufgebaut haben.

Wir müssen oft durch die Löcher gucken, die diese Mauer hat, um zu entscheiden, was wir tun sollen. Es sind alles Gedanken, die wir von irgendwo mitgenommen und abgespeichert haben, die wir zur Lösung heranziehen.

Das ist an sich nichts Schlechtes. Allerdings hindert es uns auch oft daran, andere Sichtweisen einzunehmen.

Kinder herauszufordern, Lösungen zu finden, ihnen aufmerksam zuzuhören und sie vor allem nicht sofort als falsch, unmöglich, nicht umsetzbar vom Tisch zu wischen, stärkt die Freude am Denken.

Nicht alle Ideen sind realisierbar, aber oft müssen sie das nicht sein.

Allein die Freude am Ausdenken und die originelle Idee gehören unterstützt und gefeiert.

Ein anderes Beispiel habe ich erlebt, als ich in die Weihnachtssendung eines privaten TV-Senders eingeladen war. Am 24. Dezember hat es in Strömen geregnet. Für Erwachsene ist das besonders enttäuschend, da wir uns doch für diesen Tag Schnee wünschen.

In der Sendung wurde ich als „Experte für Freude" gefragt, wie man denn an einem solchen Tag trotzdem Freude am Wetter finden könne.

Meine Meinung dazu lautet, einfach kein großes Gejammer daraus zu machen. Ja, Schnee wäre schöner, gibt es aber heute nicht, also spannen wir den Regenschirm auf und zu Hause schließen wir die Vorhänge, damit wir das Sauwetter nicht sehen. Im Zimmer ist es behaglich, und sobald die Kerzen am Weihnachtsbaum brennen, wird es sicher weihnachtlich.

Der Präsentator der Sendung hat dazu erzählt, dass der Regen für seine kleine Tochter auch kein Problem darstellt. Ihr Vorschlag an ihn war, einen großen Ventilator hinauszustellen, der so kalt blasen kann, dass aus dem Regen Schnee wird.

Im Prinzip hat sie gerade vorgeschlagen, das nachzumachen, was sonst in ein paar hundert oder tausend Metern Höhe über dem Boden geschieht oder in Skigebieten mit Schneekanonen.

Ist doch klug. Dem Mädchen erschien die Idee sehr einleuchtend, sie war stolz, und der Regen war ihr danach noch mehr egal.

Natürlich kann jeder Elternteil sofort mit physikalischen Erklärungen der Unmöglichkeit beginnen, da wir doch keine so großen Ventilatoren hätten und es außerdem im Freien um drei Grad Celsius zu warm wäre.

Aber was sollte das bringen? Später einmal wird das dem Mädchen ohnehin klar, bis dahin hat sie die Idee längst vergessen, und im Augenblick gebührt ihr einfach höchste Anerkennung dafür, auf diese Idee gekommen zu sein.

Lob für die Idee, für den Gedanken, für das Denken. Wer es gar nicht lassen kann, der sagt: „Eine sehr, sehr interessante Idee. Ich bin nicht sicher, ob wir sie so machen und umsetzen können. Aber ich staune, wie du darauf gekommen bist."

Das macht doch Mut, beim nächsten Mal wieder nachzudenken und am Denken Freude zu haben. Astrid Lindgren hat gesagt – und ich möchte ihr lautstark zustimmen:

„Der größte Verrat an Kindern aber ist, wenn sich Erwachsene über ihre Köpfe hinweg zuzwinkern."

Gütige Blicke und ein mildes Lächeln über die niedlichen Gedanken des kleinen Dummerchens, das sind die Killer für die Denker von morgen. In solchen Momenten sollten sich Erwachsene auch immer erinnern, dass sie es sind, die Kriege beginnen, Tiere ausrotten, wilde Streitigkeiten mit PartnerInnen beginnen, von denen sie sich trennen, für den Klimawandel verantwortlich sind und so weiter, und so weiter und so weiter.

Gründe, sich selbst auf ein Podest zu stellen und die Kinder und ihre Ideen tief darunter anzusiedeln, sind das mit Sicherheit nicht.

Als Kinder zu einem Erfinderwettbewerb aufgerufen wurden, kamen zum Beispiel diese Ideen:

- Damit man nicht mehr pusten muss, wenn das Essen zu heiß ist, ein Gebläse in den Griff der Gabel einbauen. Auf Knopfdruck liefert es kühlende Luft auf den Bissen.

- Damit die Zahnpastatube nie wieder offen herumliegen kann, wird sie in den Griff der Zahnbürste eingebaut. Vor dem Zähneputzen draufdrücken, und schon ist genug Zahnpasta auf den Borsten und es kann losgehen.

- Der Blätterfänger: Um im Herbst kein Laub mehr aufheben zu müssen, hat ein Kind einen riesigen Trichter erfunden, der unten um den Baumstamm gelegt werden kann. Die Öffnung zeigt nach oben und fängt alle herabfallenden Blätter auf.

Wir als Erwachsene müssen zugeben, dass wir kaum auf eine dieser Ideen gekommen wären.

Manchmal steckt hinter den Fantasien von Kindern auch noch ganz anderes. Es lohnt sich dann, sehr genau hinzuhören und vor allem einfühlsame Fragen zu stellen.

Hier ein Beispiel:

Der vierjährige Sohn einer Freundin, Julian, hat mich bei einem Besuch hinter das Haus geführt. Am Fundament des Zaunes gab es ein Loch, das er mir gezeigt hat. Mit gesenkter Stimme hat er mir erzählt, dass er darin manchmal eigenartige Geräusche hört. Seine Vermutung waren Monster. Er konnte sie sogar ziemlich genau beschreiben. Sie hatten glühende Augen, gebogene Hauer, und sie konnten das Maul so weit aufreißen, dass ein ganzes Fahrrad darin Platz hatte.

Julian hatte wirklich eine lebhafte Fantasie, die zu bewundern war. Ich habe seine fragenden Blicke gespürt, als er mir das alles erzählt hat, und war hin und her gerissen, ob ich diese Geschichte mit ihm weiterspinnen oder eher Fragen stellen soll. Zum Glück habe ich mich für Zweiteres entschieden.

– Meinst du wirklich, solche Monster hausen hier?
– *Julian nickt ernsthaft.*
– Kommen sie manchmal auch heraus?
– *Flüsternd*: In der Nacht, wenn es dunkel ist.

An dieser Stelle ist sofort der Gruselgeschichten-Autor in mir erwacht, und ich hätte den Gedanken gerne weitergesponnen. In Anbetracht der vier Jahre, die da vor mir kauerten, habe ich es mir aber verkniffen und stattdessen weitergefragt.

– Was weißt du noch über die Wesen?
– Sie haben Ninas Fahrrad gefressen.
– Wer ist Nina?

– Julian zeigte zum Nachbargarten.
– Die Monster haben ihr Fahrrad gefressen?
– Julian nickte. Es ist weg.
– Das kann doch auch gestohlen worden sein. Leider tun
das Leute.
– Diebe.
– Ja.
– Meinst du, holen die Monster auch mein Fahrrad?

Nun kamen wir der Sache auf den Grund. Julian hatte, meiner Meinung nach, schreckliche Angst vor diesen Monstern
und wollte sich versichern, dass sie berechtigt war. Ich bin
wirklich kein Kinderpsychologe und Experte und ich wollte
seine Fantasie nicht zerstören, aber den Vorstellungen der
Fahrradfresser wollte ich auch nicht weiter Nahrung geben.

– Hör noch einmal in das Loch hinein, Julian.
– Julian tat es angestrengt.
– Kannst du noch was hören?
– Kopfschütteln.
– Weißt du, es könnte auch der Bau eines Tieres sein. Hier
am Stadtrand leben Füchse und sogar der Dachs. Oder es ist
einfach nur ein Loch, weil die Mauer schlampig gebaut ist.
Vielleicht kommen die Geräusche aus dem Kanal. Dort un-
ten fließt das Regenwasser und alles, was wir in der Toilette
runterspülen, unser Badewasser und das Abwaschwasser.
– Echt?
– Ja.

– Stinkt es dort unten?

– Ja, es kann sehr stinken.

– Beißt der Dachs?

– Ich würde ihm nicht zu nahe kommen, weil er sich sonst vielleicht wehrt. Aber meistens hat er mehr Angst vor dir.

Julian hat eine Weile überlegt. Dann lief er zur Terrasse zurück, wo seine Eltern saßen und verkündete sehr sachlich und professionell: „Unter der Mauer sind keine Monster. Das habe ich herausgefunden."

Seine Mutter hat mich strafend angesehen. Den Grund hat sie mir später erst verraten: Seit einigen Nächten schlief Julian schlecht, weil er ständig von Monstern redete, die Fahrräder fressen konnten. Sie dachte, ich hätte ihm Schauergeschichten erzählt, aber zum Glück habe ich das Gegenteil getan.

Wenn Kinder ihre Fantasiegeschichten erzählen,
können sie manchmal Ängste damit abbauen.

DIE ORIGINELLSTEN IDEEN, DIE ICH ALS KIND ENTWICKELT HABE

1)

2)

3)

Wie haben die Erwachsenen rund um mich reagiert?

Was hat mich an ihren Reaktionen gefreut?

Was hat mich verletzt?

BRIEF AN MEIN KIND

LIEBE(R) ――――――――――――――――――――――――― ,

DU HAST MICH SCHON EINIGE MALE ZUM STAUNEN GEBRACHT MIT DEINEN IDEEN
UND AUSSAGEN.
ICH ERINNERE MICH, WIE DU ···

―――――――――――――――――――――――――――――――――――

AN DIESER STELLE WILL ICH DIR ABER ETWAS VERSICHERN:
FALLS ICH GELACHT HABE, WOLLTE ICH DICH NIEMALS AUSLACHEN.

WENN ICH LACHE ODER SCHMUNZLE, DANN EINFACH DESWEGEN, WEIL ICH
ZUGEBEN MUSS, ALS ERWACHSENER NICHT AUF SOLCHE IDEEN ZU KOMMEN.

DU KANNST MIR DA EIN VORBILD SEIN.

ICH GARANTIERE DIR, DASS ICH IN ZUKUNFT NOCH BESSER ZUHÖREN WERDE. WIR
ZWEI KÖNNTEN GEMEINSAM IDEEN SPINNEN. ZUM BEISPIEL, WENN WIR ···

―――――――――――――――――――――――――――――――――――

THEMEN, DIE DICH SEHR INTERESSIEREN, SIND ···

―――――――――――――――――――――――――――――――――――

―――――――――――――――――――――――――――――――――――

FRAGEN, DIE DU MIR STELLST UND DIE MICH MANCHMAL SPRACHLOS MACHEN,
SIND:

_____

_____

_____

ICH WERDE ALLES DARANSETZEN, DEINE FANTASIE ZU FÖRDERN UND MICH VON
IHR SOGAR ANSTECKEN ZU LASSEN.

DAS VERSPRICHT DIR
DEIN(E) MAMA/PAPA

Kinder und Tiere – immer gut, aber ...

Lieben, Versorgen, Freude und Kummer haben – und Eltern mit dem Talent zu TierpflegerInnen

Gleich vorweg meine Meinung, die vielleicht manche aufregt: Haustiere sind auf jeden Fall eine wunderbare Erfahrung und etwas sehr Wichtiges im Leben von Kindern.

Es sollten sich aber nur Familien Haustiere nehmen, in denen die Eltern Talent zu TierpflegerInnen haben.

Früher oder später wird es dazu kommen, dass sie sich eher mehr als weniger um das Tier kümmern müssen. Alle Konflikte, die daraus entstehen, schaden meistens dem Tier und schaffen Spannungen zwischen Kindern und Eltern.

Es ist meine ehrliche Überzeugung, dass Eltern besser vom ersten Tag an davon ausgehen, dass sie TierpflegerInnen sein werden.

Kommt es dann vielleicht doch anders, ist das die schönste und beste Überraschung und ein Grund zur Freude. Wenn aber nicht, so erspart die Einstellung viel Krach.

Ein Haustier zu nehmen ist eine große Entscheidung für eine Familie. Meine Bitte an dieser Stelle ist es, diese Entscheidung genauestens zu überlegen. Vor allem geht es immer um den langfristigen Zeithorizont. Praktisch alle Tiere, die Freude machen und mit denen Kinder wirklich etwas anfangen können, werden mehrere Jahre, vielleicht sogar für ein Jahrzehnt oder noch länger, vollwertige Familienmitglieder sein.

Kaum etwas schafft eine bessere Verbindung zu Natur und Respekt vor Tieren, als ein eigenes Tier.

Ich selbst durfte mit vielen Tieren aufwachsen, und bis heute ist ein Leben ohne Gefährten auf vier Pfoten für mich undenkbar.

Meine Erinnerungen an unsere Haustiere sind aber nicht alle nur kuschelweich und von Streichelstunden geprägt. Ich denke da an unseren Kater Schnurrli, den meine Eltern auf der Straße gefunden und mit dem Puppenmilchfläschchen aufgezogen haben. Schnurrli war unendlich geduldig und hat sich von mir sogar in Puppenkleider stecken lassen.

Leider muss er bei seinen Streifzügen durch die Nachbargärten Gift gefressen haben. Darauf folgte eine lange und leider qualvolle Zeit, in der wir und der Tierarzt alles getan haben, um sein Leben zu retten. Als Schnurrlis letzter Moment gekommen war, hat er sich laut miauend verkrochen. Wir waren aber alle bei ihm, und ich werde nie vergessen, wie mein Vater den toten Kater noch einmal gestreichelt hat.

Es war für uns alle ein schlimmer Verlust. So traurig die Krankheit war und so schlimm der Abschied, ich bin froh, dass ich es mit sieben Jahren erlebt habe.

Danach kam Zambo, unser erster Hund. Er war ein Boxer, der schon neun Monate alt war, als er bei uns einzog. Zambo war ein großer und sehr starker Hund. Er hat mich, als ich mit ihm an der Leine spazieren ging, umgerissen und mitgeschleift. Meine Eltern haben aber nicht gelten lassen, dass ich danach nicht mehr mit ihm gehen wollte. Sie haben mich in die Hundeschule mitgenommen, wo Zambo ausgebildet wurde, und ich war bei seiner Erziehung dabei. Der Hundetrainer ist auf mich eingegangen und hat mir vorgeführt, wie ich den großen Hund besser unter Kontrolle halten konnte.

Mein Wunsch war aber dann auch noch ein eigenes Tier, und so hat mein erster Goldhamster bei mir sein Zuhause gefunden. Ihm habe ich beigebracht, auf ein Seil zu klettern. Er war sicher ein für ein Kind ungeeignetes Tier, da er nachtaktiv war, aber ich habe ihn trotzdem geliebt.

Gefolgt ist ihm ein weißes Kaninchen namens Benni. Hier muss ich gleich eingestehen, dass Käfigputzen nicht mein Fall war. Danke an meine Eltern, die oft eingesprungen sind.

Als ich bereits Teenager war, folgte nach Benni eine Katze namens Mutz. Zambo war begeistert, als ich sie nach Hause brachte, doch die Katze hat einen fürchterlichen Schreck bekommen, gefaucht und gekratzt. Es war eine große Aufgabe und eine unvergessliche Erfahrung, die beiden aneinander zu gewöhnen. Zum Beispiel mussten sie lernen, dass Schwanzwedeln beim Hund Freude, bei der Katze aber Unruhe bedeutet.

Nach sechs Monaten haben die beiden Seite an Seite geschlafen. Als Zambo zwei Jahre später starb, war die Katze lange Zeit untröstlich.

Meine Eltern haben mich zur Verantwortung den Haustieren gegenüber angehalten, trotzdem aber haben sie Zeiten, in denen ich nachlässig war, überbrückt.

Ich kann mich weniger an Vorwürfe erinnern, als an Ermahnungen, was mein Verhalten für das Tier bedeutet. Bis heute klingen sie in mir nach.

Ein Negativbeispiel habe ich in meinem Bekanntenkreis erlebt, als dort zwei Kaninchen als Haustiere kamen. Nicht einmal ein Jahr später wurden sie aber schon weitergegeben, weil die Kinder das Interesse verloren hatten und zu wenig Zeit für die Tiere hatten.

Was sollen Kinder daraus lernen? Der Schluss kann doch nur lauten, dass man Leben einfach weggibt, wenn man keine Freude mehr daran hat. Nein, das ist wohl das schlechteste Vorbild überhaupt.

Ein ehemaliger Klassenkollege namens Martin ist dem Wunsch seiner Kinder nach einem Hund anders begegnet. Er und seine Frau haben nicht nein gesagt, gleichzeitig aber wussten sie, dass neben ihren Berufen die Versorgung des Hundes fast unmöglich war.

Die vier Kinder im Alter zwischen fünf Jahren und 15 Jahren mussten wirklich beweisen, dass sie die Verantwortung übernehmen konnten und Ausdauer beweisen würden.

Martin hat darauf bestanden, dass die drei größeren die Ausbildung zu HundeführerInnen machen. Das geschah, bevor der Hund Einzug in die Familie hielt. Diese Ausbildung dauerte mehrere Monate, und viele Wochenenden mussten die Kinder dazu auf einem Hundeabrichteplatz verbringen. Der Jüngste kam mit, und einfache Übungen mit Hunden durfte und musste auch er machen.

Die zwei Söhne und die Tochter haben den Hundeführerschein gemacht. Sie haben alle außerdem einen Vertrag mit den Eltern unterschreiben müssen, in dem die Verantwortung für den Hund auf ihrer Seite lag und geregelt wurde, wie die Versorgung am besten ablaufen sollte.

Der Aufwand hat sich gelohnt: Cookie heißt der Hund, der ein wunderbares Leben bei Martin und seiner Familie hat. Die vier Kinder haben Wort gehalten und es gab nie eine Situation, in der die Eltern allein mit Cookie übriggeblieben sind. Ja, es gab manchmal Maulen und auch Schimpfen, weil die Kinder auf eine Party oder einen Kinobesuch verzichten mussten (oder diese Dinge zumindest verschieben mussten), aber davon ging die Welt nicht unter.

Cookie liebt seine Zweibeiner, und sie lieben ihn. Eine Freundschaft und Verbundenheit, die das Leben von allen bereichert hat. Gratulation an Martin und seine Frau, die, wie ich bei meinen Besuchen immer erleben durfte, vieles sehr richtig gemacht haben.

WIE WAR DAS BEI IHNEN ALS KIND?

Hatten Sie ein Haustier? Mehrere Haustiere?

Was waren die liebsten Haustiere?

Hand aufs Herz, wer hat sie versorgt?

Welche Konflikte gab es rund um die Haustiere?

Was waren die größten Freudensmomente?

Wie war der Abschied?

Was spüren Sie bei der Erinnerung an diese Tiere?

BRIEF AN MEIN KIND

LIEBE(R) _____ ,

        O   DU HAST EIN HAUSTIER
        O   DU WÜNSCHST DIR EIN HAUSTIER

MEINE GEDANKEN, WENN ES UM DICH UND EIN HAUSTIER GEHT, LAUTEN

_____

WAS GUT GEHT MIT DIR UND DEM TIER (WAS GUT GEHEN WÜRDE, WENN ES
DERZEIT NOCH EIN WUNSCH IST):

_____

WELCHE SCHWIERIGKEITEN SEHE ICH:

_____

WELCHE FREUDEN BRINGT EIN HAUSTIER IN UNSER LEBEN (UND/ODER WAS
MÜSSEN WIR BEDENKEN, DAMIT ES TIER UND FAMILIE GUT DAMIT GEHT)?

_____

SPÄTER EINMAL SOLLST DU ZUM THEMA HAUSTIER SAGEN:

_____

TIERISCHE GRÜSSE
DEIN(E)
MAMA/PAPA

Voll bekleidet ins
Wasser fallen ...

Das volle Leben
ausprobieren macht stark.

Bitte verzeihen Sie mir den folgenden Vergleich. Es geht um Kinder und Welpen. Im Dezember 2018 ist bei mir ein entzückender Jack-Russell-Welpe eingezogen, und davor habe ich jede Menge Bücher, Videos und Internetseiten verschlungen, um mich zu informieren, wie ich den niedlichen Kleinen am besten für sein Hundeleben vorbereite und trainiere.

Bei dieser intensiven Fortbildung bin ich auf einige höchst interessante und gleichzeitig ziemlich verstörende Dinge gestoßen.

Verstörend war für mich, was Leute so alles behauptet haben. Einige schrieben tatsächlich, ihr zwölf Wochen alter Welpe höre schon auf „Sitz!", „Platz!", „Hier!", „Bleib!", außerdem wäre er stubenrein und würde jede Nacht durchschlafen.

Mein Joppy war eindeutig intelligent und hat Aufgaben blitzschnell gelöst. Trotzdem hat er mich oft zwei Mal in der Nacht geweckt, weil er raus musste, und von stubenrein war keine Spur. „Sitz!" schaffte er bereits, aber alle anderen Befehle nicht.

Als ich mit einer Hundetrainerin darüber gesprochen habe, war ihre Reaktion: „Ich glaube nur an die Erfolge von Hunden, die ich selbst erlüge", gefolgt von schallendem Gelächter. Sie hat mir glaubhaft versichert, dass HundebesitzerInnen hier schamlos übertrieben und mein Joppy sich bestens entwickelte. Das traf auch zu, und heute, mit anderthalb Jahren, ist Joppy ein mehr als folgsamer Prachthund. Übrigens ist er länger nicht stubenrein geworden, weil er uns aus räumlichen Gründen nicht zeigen konnte, dass er raus muss.

Folgerung daraus, was Kinder betrifft:

Glauben Sie nur, was Sie selbst über die grandiose Entwicklung ihres Kindes erlügen (breites Grinsen und ein Augenzwinkern).

Lassen Sie sich nie frustrieren, weil andere Kinder angeblich weiter wären.

Das andere, was bei der Entwicklung eines Welpen so wichtig ist: Er soll so viele verschiedene Erfahrungen machen, wie nur irgendwie möglich. Bereits in den ersten Wochen seines Lebens, wenn er noch bei seinen Geschwistern lebt, sollte er natürlich durch das Gras tapsen, Wind und Wetter kennenlernen, dabei sein, wenn mehrere Menschen zu Besuch sind, im Auto fahren, den Staubsauger erleben und so weiter. Später wäre es wichtig, dass er alle Arten von Menschen sieht (ausdrücklich wird öfter erwähnt, wie wichtig Männer mit Bart sind – keine Ahnung, warum). Der Welpe lernt Autos kennen, das Einkaufszentrum, Menschen im Park und natürlich andere Hunde. Erfahrungen, Erfahrungen, Erfahrungen, so viele wie möglich, so unterschiedlich wie möglich.

Ein Welpe, der alle diese Erfahrungen macht, wird als erwachsener Hund mutig durch das Leben gehen. Ihn kann nichts so leicht erschrecken, und wenn er bestimmte Erfahrungen macht, bestimmten Leuten begegnet, so kann er schnell einordnen, womit er es zu tun hat. Das sorgt für Selbstbewusstsein.

Gilt das nicht genauso für Kinder? Ich finde schon. Allerdings geht es nicht um die klassische „Erziehung", die ich als Lernen und Trainieren von Spielregeln für das Zusammenleben und ein Leben ohne Verletzungen sehe.

Was ich meine, ist das Zulassen von Erfahrungen,
die auf den ersten Blick vielleicht ungewöhnlich erscheinen.

Ich finde, jedes Kind sollte einmal klatschnass im kalten Regen werden. (Natürlich dann, wenn es zu Hause gleich abgetrocknet oder in die warme Badewanne gesteckt werden kann.)

Jedes Kind soll wissen, wie es ist, mit Kleidung ins Wasser zu fallen.

Jedes Kind soll auf verschiedenen Instrumenten ein klein wenig herumgeklimpert haben oder vielleicht einen Akkord oder eine sehr einfache Melodie gespielt haben.

Weitere Beispiele:

✶ ein Zeichen einer fremden Schrift malen oder zeichnen können

✶ „Hallo" in drei Sprachen sagen können

- den Geruch von Pferdemist und Benzin kennen und benennen können

- feststellen, dass Eltern am Morgen meistens nicht so gut riechen

- durch einen Sturm gelaufen sein

- die Hände tief in die Erde gesteckt haben

- einen Regenwurm auf der Hand gehalten und vorsichtig zurück ins Beet gesetzt haben

- in einer Blumenhandlung oder Gärtnerei an mindestens fünf verschiedenen Blumen gerochen haben

- mit Gummistiefeln voll in eine Pfütze springen, dass es nur so spritzt

- ein Schimpfwort an einem Ort, wo es niemand sonst hören und wo es niemanden stören kann, ganz laut schreien (am besten, um Wut abzulassen)

- auf eine Trommel einschlagen, um Aggression loszuwerden

- wild tanzen zu lauter Musik

* Stimmungen spielen, wie ein(e) Schauspieler(in): heiter, tieftraurig, wütend, müde...

* aus voller Kehle einen Song mitsingen

* den Eltern vorspielen, wie er/sie manche Erwachsene empfindet

* einen herzhaft dummen Witz erzählen

* mindestens sieben verschiedene Tierlaute machen können

* mit den Eltern als Sicherheit an der Seite ganz nahe an eine heiße Herdplatte gekommen sein

* mit den Eltern ein Lagerfeuer gemacht haben

* eine Nacht im Freien verbringen, am besten nahe an einem Wald

* pfeifen können

* Grimassen schneiden und dabei fotografiert werden

* einen Löffel auf die Nasenspitze setzen, sodass er kleben bleibt

✳ drei Speisen mit den Eltern gekocht haben

✳ sieben verschiedene Gewürze gerochen und am besten auch gekostet haben

✳ mit verbundenen Augen mindestens fünf Obst- oder Gemüsearten durch Kosten erkennen

✳ Fotos seiner Eltern und Großeltern angesehen haben, die sie als Kinder zeigen

Diese Liste lässt sich noch lange fortsetzen. Diese vielen Erfahrungen machen jedes Kind auf jeden Fall stärker und sicherer. Vor allem sind sie auch ein Beweis, was diese Welt zu bieten hat und wie es sich auszahlt, mehr darüber zu erfahren und neugierig zu sein.

Die größte Freude für Kinder ist es – vor allem, wenn sie kleiner sind – diese Erfahrungen mit ihren Eltern zu machen. Was gibt es Schöneres, als zuerst durch den Regen zu rennen, klatschnass zu werden, sich zu Hause dann abzutrocknen, heiße Limonade zu trinken und am Sofa zu kuscheln? Expedition Leben – das ist eines der größten Abenteuer, auf das sich Eltern und Kinder begeben können.

FRAGEN AN DAS KIND,
DAS SIE EINMAL WAREN

Was waren besondere Erlebnisse und Erfahrungen in meiner Kindheit.

In der Küche:

Im Bad:

Im Garten:

In den Ferien:

Im Schwimmbad:

Beim Sport:

Was waren die ungewöhnlichsten Dinge, die ich als Kind gemacht habe?

Wie sehe ich sie heute?

Was würde ich sofort wieder machen wollen?

Welche Erwachsenen haben mit mir Dinge unternommen, die sonst eher nicht erlaubt oder gewünscht waren?

Was hätte ich als Kind gerne ausprobiert, habe es aber nie machen können?

Was kann ich davon heute nachholen?

LISTE FÜR MEIN KIND

LIEBE(R) _____ ,

ZUR ERINNERUNG HIER EINE LISTE VON VIELEN BESONDEREN ERFAHRUNGEN:

WIRKLICH VIEL SPASS HATTEST DU, ALS DU ···

_____

DEINE ANGST ÜBERWUNDEN HAST DU, ALS DU ···

_____

DU BIST STÄRKER, FINDE ICH, SEIT DU ···

_____

BESONDERS NEUGIERIG WARST DU AUF ···

_____

BESONDERS ÜBERRASCHT HAT DICH ···

_____

NUN ABER MEINE LISTE, WAS WIR NOCH ALLES GEMEINSAM ERLEBEN UND
AUSPROBIEREN KÖNNEN UND SOLLEN:

DARAUF FREUT SICH SCHON
DEIN(E) MAMA/PAPA

Zum Abschluss eine kleine Bedienungsanleitung für Kinder und Teenager

Richtiger Umgang mit Eltern und Erziehenden

Hallo,

heute möchte ich euch gerne einen kleinen Bericht geben über meine Forschungsarbeiten und Beobachtungen von Eltern in freier Wildbahn.

Auf Grund von jahrelanger Tätigkeit (seit meiner Geburt) kann ich euch einige Erkenntnisse beschreiben, die euch vielleicht nützlich sind.

Eltern sind ...

... fast nie so großartig, unfehlbar und stark, wie sie uns erscheinen, wenn wir kleine Kinder sind.

... aber auch fast nie so schrecklich, peinlich, altmodisch und einfach unausstehlich, wie wir sie empfinden, wenn wir ins Teenager-Alter kommen.

Eltern sind auch ...

... in den meisten Fällen sehr bemüht, das zu sein, was sie für „gute" Eltern halten.

... einfach Menschen, die absolut nicht perfekt sind und sich kolossal irren können.

Eltern wünschen sich ...

... alles richtig zu machen und ihre Kinder zu großartigen Menschen zu erziehen.

... aber auch von ihren Kindern (besonders von Teenagern) Liebe und ein wenig Anerkennung für ihre Bemühungen.

Eltern und Kinder ...

... können perfekt zusammenpassen und ein großartiges Team bilden, ein bisschen wie Top-FußballerInnen und ihre Top-TrainerInnen.

... können so verschieden sein, dass es kaum zu verstehen ist, wieso sie biologisch verwandt sind. Wenn ihre Kinder dann bei Großeltern oder anderen Verwandten gut aufwachsen, ist das kein Versagen der Eltern und liegt meistens nicht daran, dass die Kinder etwa kleine Monster sind. Es hat einfach nur nicht gepasst, und die friedliche Lösung ist das Wichtigste.

Gegen manche Eltern ...

... sollten bereits Babys eine „Zu-gut-gemeint-Versicherung" abschließen lassen, für mögliche Spätschäden, weil es manche Mütter und Väter und auch Großeltern einfach zu gut meinen und die Kinder damit unter Druck setzen.

... sollte es eine spezielle Betreuung geben, damit sie abgelenkt und beschäftigt werden und damit sie ihre Kinder nicht mit falsch gelenkter Liebe erdrücken.

Manche Eltern ...

... es sind zum Glück wenige - sind einfach unfähig und völlig daneben. Das kommt leider vor.

Es gibt auch Eltern, die ...

... schaffen es nicht, ihren Kindern die Anerkennung zu geben, die sich diese so sehr wünschen würden. Nicht selten hängt es damit zusammen, dass Eltern einfach ein anderes Bild, andere Wünsche und Vorstellungen haben, nicht loslassen wollen und können oder sogar ein wenig neidisch sind, weil ihre Kinder Wege gehen, die ihnen nicht möglich waren.

Denkt immer daran, dass manchen Eltern ...

... das, was sie Kindern – ohne böse Absicht – antun, sehr leidtut, sie sich aber trotzdem nicht entschuldigen können.

Denkt bitte auch daran, dass manche Eltern ...

... wenn sie in den Augen ihrer erwachsenen Kinder in vielen Momenten versagt haben, Vergebung brauchen. Das tut den Eltern gut, ganz besonders aber ihrem erwachsenen Nachwuchs. Es zahlt sich immer aus, mit den Eltern zumindest auf neutraler Basis zu sein, also keinen Groll zu hegen.

MÄNGELLISTE VON ELTERN

- ✳ manchmal überfordert
- ✳ gestresst
- ✳ unaufmerksam, weil mit beruflichen Sorgen beschäftigt
- ✳ zu streng
- ✳ zu nachgiebig
- ✳ zu voll mit Liebe
- ✳ zu wohlmeinend
- ✳ zu fordernd
- ✳ zu sehr von eigenen Problemen von früher belastet
- ✳ zu unsicher
- ✳ zu voreingenommen, wie ihre Kinder werden sollen
- ✳ zu neurotisch
- ✳ zu sehr bedacht darauf, dass ihre Kinder besser sind als alle anderen
- ✳ zu wenig respektvoll gegenüber ihren Kindern
- ✳ zu sehr erfüllt mit Wut
- ✳ zu voll mit nicht verarbeiteter Trauer
- ✳ zu wenig Humor
- ✳ zu ehrgeizig
- ✳ zu besorgt
- ✳ zu peinlich
- ✳ zu kindisch
- ✳ zu anbiedernd
- ✳ zu aufdringlich
- ✳ zu sehr damit beschäftigt, gute Eltern zu sein
- ✳ zu sehr mit sich beschäftigt

POSITIVE EIGENSCHAFTEN VON ELTERN

* voller Liebe
* voller Liebe
* voller Liebe
* voller Liebe
* voller Liebe
* voller Liebe
* voller Liebe
* voller Liebe
* voller Liebe
* voller Liebe
* voller Liebe

Allein deshalb muss man selbst Eltern, die in den Augen ihrer Kinder manchmal kräftig neben den Schuhen stehen, einfach liebhaben.

WEITERE POSITIVE EIGENSCHAFTEN

* geduldig
* vergebend
* verständnisvoll
* einfühlsam
* voller Lob
* ehrlich

- stark
- bestimmt
- klar
- bedacht
- aufmerksam
- humorvoll
- fröhlich
- nicht überfordernd
- lächelnd
- wahre Freunde und trotzdem Mama und Papa
- Kumpel im Abenteuer
- FreundInnen, denen man alles anvertrauen kann
- mutig
- gute TrainerInnen
- frustarm
- im Einklang mit der eigenen Kindheit und den eigenen Eltern
- ohne rosarote Brille, was die eigene Kindheit betrifft
- gelassen, was die Angebereien anderer Eltern angeht
- ohne übertriebenen Ehrgeiz
- Menschen, die das Beste aus dir holen können
- optimistisch
- neugierig
- ehrlich interessiert
- voller Herzlichkeit
- fähig, sich bei Kindern zu entschuldigen
- fähig, Fehler einzugestehen

Und vielleicht am wichtigsten:

Viele Eltern sind selbst vom Leben begeistert
und bemüht, aus jedem Tag, jeder Woche, jedem Monat
und jedem Jahr das Beste zu holen.

Aber in jeder Küche sollte ein großes Schild hängen, mit der Aufschrift:

ELTERN SIND MENSCHEN.

Zur täglichen Erinnerung.

Liebe Kinder und Teenager, seid gut zu euren Eltern. Sie brauchen wirklich mindestens so viel Lob und Liebe wie ihr.

Seid dankbar, für alles, was sie Gutes für euch tun.

Verzeiht ihnen Dinge, die vielleicht „gut gemeint" waren, aber danebengegangen sind.

Was diese Welt am meisten braucht sind Familien, in denen

KINDER UND ELTERN
STRAHLEN VOR LEBENSFREUDE
UND BEGEISTERUNG.

Dafür wünsche ich allen das Beste und viel Kraft!
Ihr schafft das!

BRIEF AN MEINE
EIGENEN ELTERN

LIEBE ELTERN,

GLEICH VORWEG: IHR WART IM GROSSEN UND GANZEN FÜR MICH ···

_____

WAS EUCH ALS GUTE ELTERN AUSGEZEICHNET HAT:

_____

WAS MICH GENERVT HAT AN EUCH:

_____

MEINE SCHÖNSTEN ERINNERUNGEN AN DIE ZEIT MIT EUCH:

_____

_____

WAS MIR BIS HEUTE WEH TUT:

_____

WORAN ICH ERKANNT HABE, DASS IHR EBEN EINFACH MENSCHEN SEID:

_____

WOVON ICH ENTTÄUSCHT WAR:

_____

WENN ICH EUCH GANZ KURZ BESCHREIBEN SOLLTE, DANN WÜRDE ICH DAS SO
TUN:

_____

_____

WAS IMMER NICHT SO SCHÖNES VORGEFALLEN IST, DAS VERZEIHE ICH EUCH. FÜR
ALLES ANDERE SAGE ICH VIELEN DANK!

WENN ICH EUCH ENTTÄUSCHT HABE ODER ES ETWAS UNAUSGESPROCHENES GIBT,
DANN WERDEN WIR DAS REGELN.

EURE/ EUER

_____

UNTERSCHRIFT

BRIEF AN MEIN KIND

LIEBE(R)_____,

WENN DU ERWACHSEN BIST, DANN SOLLST DU ÜBER DEINE ELTERN DAS SAGEN:

_____

WIR BEMÜHEN UNS SEHR UND TUN FÜR DICH ⋯

_____

WAS UNS NICHT SO LEICHT FÄLLT MIT DIR:

_____

_____

WO WIR MANCHMAL VERZWEIFELN:

_____

_____

WO WIR UNSERE ZWEIFEL HABEN, AUCH WENN WIR STARK WIRKEN WOLLEN:

_____

_____

WO WIR ANGST HABEN, AUCH WENN DU ES NICHT SEHEN SOLLST:

_____

WO WIR BESSERUNG GELOBEN:

_____

WO WIR DICH UM VERSTÄNDNIS DAFÜR BITTEN, DASS WIR DAS TUN:

_____

_____

WIR GLAUBEN, DU GIBST
UNS DERZEIT DIE SCHULNOTE

WIR FREUEN UNS AUF VIELE NEUE ABENTEUER MIT DIR!

DEINE ELTERN
ODER EBEN DEINE MAMA,
DEIN PAPA
ODER DEIN _____, DER/DIE DICH SEHR LIEB HAT

NACHSATZ

Wie ich das Freundschaftsbuch ausfüllen würde

FREUNDSCHAFTSBUCH

Mein Spitzname war: THOMSI UND BREZL (VON BREZINA)

Geliebt habe ich als Kind:
GESCHICHTEN ERFINDEN, PUPPENTHEATER UND BAUMHÄUSER

Gehasst habe ich damals:
WIE EIN DUMMES KIND BEHANDELT ZU WERDEN, VERSPOTTET ZU WERDEN,
ALLEIN ZU HAUSE ZU SEIN

Es hat mich aufgeregt, wenn jemand zu mir das gesagt hat:
„SPIEL MIT GLEICHALTRIGEN!", (ICH HABE ÄLTERE KINDER IMMER INTERESSANTER
GEFUNDEN).

Erwachsene haben mir die größte Freude gemacht,
WENN SIE MIR RESPEKT GEZEIGT HABEN UND EHRLICHES INTERESSE.

Erwachsene haben mich gekränkt und verletzt,
WENN SIE MICH BELOGEN HABEN UND ICH DRAUFGEKOMMEN BIN. WENN ICH
IHNEN VERTRAUEN UND BEGEISTERUNG ENTGEGENGEBRACHT HABE, SIE DAS ABER
NICHT GESCHÄTZT HABEN.

Meine größte Freude als Kind:
GESCHICHTEN IN JEDER FORM – SELBST ERDACHT ODER GELESEN ODER IM KINO
ODER IM FERNSEHEN GESEHEN

Meine bitterste Enttäuschung als Kind:
WENN ERWACHSENE GESAGT HABEN, SIE SPIELEN MIT MIR IN ZEHN MINUTEN UND
ABSICHTLICH DARAUF VERGESSEN HABEN

Traurig war ich,
WENN ICH ALS DICK VERSPOTTET WURDE.

Das schönste Geschenk von damals war:
EINE ECHTE BAUCHREDNERPUPPE

Meine liebste TV-Serie:
BEZAUBERNDE JEANNIE, FEUERSTEINS

Der Song meiner Kindheit:
ALLES VON ABBA

Meine Lieblingsspeise:
STEAK WELLINGTON

Was ich nie essen wollte:
KARFIOL (BLUMENKOHL)

Wenn ich an meine Kindheit denke,
DANN RIECHE ICH WARME HIMBEEREN MIT VANILLEPUDDING

Wenn ich aus meiner Kindheit jemanden auf den Mond schießen könnte,
WÄRE DAS DER STIEFVATER MEINER MUTTER, WEIL ER VOLLER VERACHTUNG WAR FÜR ALLES, DAS MIR ALS KIND GEFALLEN HAT.

Wenn ich jemandem aus meiner Kindheit einen Oscar verleihen könnte,
WÄREN DAS MEINE ELTERN, WEIL SIE FÜR MICH DA WAREN, WENN ICH SIE GEBRAUCHT HABE.

Wer ist das größte Vorbild aus meiner Kindheit dafür, wie ich heute für meine Kinder sein will?
MEIN VATER, WEIL ER EIN KLARES BILD HATTE, DASS ER SEINE KINDER GEWALTFREI MIT EINDEUTIGEN REGELN ERZIEHEN WILL, VOLLER BEGEISTERUNG FÜR VIELES WAR UND SICH AN SEINE GRUNDSÄTZE IMMER GEHALTEN HAT.

Ein Foto aus meinem Kindheits-Album.

WENN ICH MEINER KINDHEIT EIN ZEUGNIS GEBE, DANN ...

Geben Sie ihrer eigenen Kindheit ein Zeugnis!
Wie in der Schule können Sie Noten vergeben. 1 steht für die beste Note, 5 steht für die schlechteste Note.
Stellen Sie sich alle Bereiche des Lebens vor wie ein Schulfach. Wie haben diese Bereiche in Ihrer Kindheit abgeschnitten?

ELTERN	1
BRUDER	3
SCHWESTER	-
FAMILIE INSGESAMT	1
GEBORGENHEIT	1
SCHULE	3
ZUHAUSE	1
AUSSEHEN	3
ANSEHEN BEI ANDEREN GLEICHALTRIGEN	3-4

INTERESSEN | 1

SELBSTBEWUSSTSEIN | 2-3

MUT | 3-4

SPORTLICHKEIT | 4

KREATIVITÄT | 1!!!

UMGANG MIT ANGST | 3

Danksagung

Nachdem ich bereits mehr als 50 Jahre auf dieser Welt sein darf, kann ich heute rückblickend erkennen, wie viel Gutes und Wunderbares mir als Kind gegeben wurde und welche Auswirkungen es in mein Erwachsenenleben hatte.

Danke meinen Eltern Elfriede und Konrad Brezina, die unendlich liebevoll waren, sich selbst für so vieles begeistern konnten und diese Begeisterung an mich weitergegeben haben.

Danke an Leute wie meine Großtante Mitzi, die immer gesagt hat: „Ich werde sterben, wenn ich keinen Kaffee mit Schlagobers (=Sahne) mehr will." Als sie über 90 war und ihr der Pfarrer die letzte Ölung gegeben hat, hat sie die Augen noch einmal aufgeschlagen und gesagt: „Was machen Sie da? Bringen Sie mir besser Kaffee mit Schlagobers aus der Küche." Das waren ihre letzten Worte. Von solchen Menschen lernt man Lebenslust.

Danke meiner Englischprofessorin Christiane Schmutzer, von der ich Weltoffenheit und die Begeisterung für Englisch Literatur bekommen habe und die die beste Erinnerung an meine Schulzeit ist.

Danke an alle Menschen, die mir so viele Beispiele für starke Familien, gute Eltern und begeisterte Kinder gegeben haben. Ich habe alle Namen verändert, aber wenn ihr euch wiedererkennen wollt, gerne. Solltet ihr der Meinung sein, ich habe euch schlecht beschrieben, dann habe ich bestimmt jemand anderen gemeint.

Danke an alle Menschen, mit denen ich zusammenarbeiten durfte, Komponisten, Illustratoren, Verleger, Produzenten, Fernsehschaffende etc, die so viele wichtige Ideen in meine Projekte eingebracht haben.

Danke meinem Verleger Bernhard Salomon, der schon lange vor mir wusste, dass ich diesen Ratgeber schreiben soll und mein früheres „Nein" nicht ernst genommen hat.

Danke dem Team der edition a und Anatol Vitouch für liebevolle Gestaltung und Lektorat.

Und Danke an meinen Mann Ivo, der alles tut, damit ich in Ruhe schreiben kann, meine Begeisterung immer noch anheizt und mir bei Anfällen von Zweifel den besten Rat gibt: „Reg dich ab und schreib weiter."

Mein ganz besonderer Dank an all die Möglichkeiten, die ich im Leben bekommen habe, um Kinder zu begeistern. Jede Einzelne war eine Herausforderung und das Abenteuer geht weiter …

Danke an alle Mama-Blogger, mit denen ich während der Entstehung dieses Buches reden konnte und die mir aus ihrer Erfahrung gute Hinweise zur Themen-Auswahl geben konnten.

Christina & Lisbeth von *einerschreitimmer.com*
Verena von *mamawahnsinn.com*
Daniela von *diekleinebotin.at*
Tina von *titantina.at*
Karin von *jubeltage.at*
Paula von *trendmum.com*
Silvia von *mamajammer.at*
Birgit von *suchtdasglueck.at*

Thomas Brezina

Tu es einfach und glaub daran

Wie du mehr Freude in dein Leben bringst

edition a

Thomas Brezina
Tu es einfach und glaub daran
Wie du mehr Freude in dein Leben bringst

Was können wir tun, wenn uns die Welt, in der wir leben, nicht mehr gefällt? Wie finden wir die Liebe, wenn wir einsam sind? Wie schaffen wir es, im Moment zu leben? Mit 40 Millionen verkauften Kinderbüchern prägte Thomas Brezina die Kindheit einer ganzen Generation. Seit zwei Jahren zeigt er auf Instagram und Youtube mit großem Erfolg, warum das Leben schön ist und wie wir unsere Träume verwirklichen können. Jetzt legt er seine positiven Botschaften von einem selbstbestimmten, freien und glücklichen Leben erstmals in Buchform vor.

272 Seiten, € 20,00
ISBN 978-3-99001-284-0

THOMAS BREZINA

edition a

Die Freude Notfall Apotheke

21 DINGE, DIE BEI FREUDEMANGEL HELFEN

Joppy

Thomas Brezina

Die Freude Notfall Apotheke

21 Dinge, die bei Freudemangel helfen

Thomas Brezina wurde mit seinem ersten Sachbuch
für Erwachsene, »Tu es einfach und glaub daran«, zu
Österreichs Botschafter der Freude. Jetzt legt er eine
bunte »Notfall-Apotheke« für schwarze Tage vor. Mit
21 Vorschlägen zum Ausprobieren. Schon die Lektüre
macht glücklich.

160 Seiten, € 17,00
ISBN 978-3-99001-310-6